Bachblüten

für
Konzentrationsstörungen
bei Schülern

Ursachen, Erkennung
und Behandlungsmöglichkeiten

ZeitGeist Forum Verlag

1997

Sonnenstraße 12, D- 80331 München

Gedruckt in Ungarn

Zeichnungen: Natalie Schmidt
ISBN 3-933113-00-8

Konzentration der Schlüssel zum Erfolg

Ich möchte diesen Band meinem Vater Herrn Anton Lautner widmen, der mit Leib und Seele ein großartiger Baumeister war.

Er hat mir gezeigt, was Konzentration heißt, und was sie bewirkt.

Seine ganze Aufmerksamkeit und Begeisterung galt seinem Baugeschäft. Es gelang ihm durch unermüdliche Arbeit, in kurzer Zeit aus dem Nichts ein großes, solides Unternehmen entstehen zu lassen.

Dafür möchte ich meinem Vater, der immer ein Vorbild für mich bleiben wird, von ganzem Herzen danken.

Danken möchte ich auch Frau Eva Böhm, die mir mit Idee und Ausdruck zur Seite gestanden hat, sowie Frau Natalie Schmidt für ihre wunderschönen, ansprechenden Bilder.

Christel Clausnitzer

Inhaltsverzeichnis

Dr. Bach´s Leben

Der Name des Entdeckers der Bach-Blüten ist Dr. Edward Bach. Am 24. September 1886 wurde er in Moseley, nahe Birmingham, in England geboren.

Er war ein sehr intuitiver Mensch, und schon im Kindesalter zogen ihn die Pflanzen magisch an. Bereits in frühester Jugend hatte er großes Mitgefühl für Kranke und leidende Lebewesen. Es war sein innigster Wunsch, Mittel und Wege zu finden, um die Beschwerden der Menschen zu lindern.

Aus dieser Berufung heraus begann er 1906 sein Medizinstudium. Er absolvierte anschließend noch eine umfassende Spezialausbildung, die ihm weitere vier Diplome einbrachte. Seine berufliche Laufbahn begann er als Bakteriologe. Auf diesem Gebiet erzielte er revolutionäre Forschungsergebnisse, wodurch er sich in kürzester Zeit einen Namen machte. Er beschränkte seine Arbeit aber nicht nur auf das Studium von Büchern und die Labortätigkeit, sondern legte sein größtes Augenmerk auf die Patienten. Viele Stunden verbrachte er an ihren Betten und hörte sich aufmerksam die Sorgen und Nöte an. Feinfühlig wie er war, spürte er die seelischen Schwierigkeiten seiner Patienten auf. Durch diese intensive und genaue Beobachtung kam er zu der Schlußfolgerung, daß nicht die körperlichen Symptome behandelt werden müssen, sondern die zugrunde liegenden Gemütsprobleme.

Sein Pioniergeist ließ ihn nicht zur Ruhe kommen. Ständige Überbelastung und ein schlechter Ernährungszustand hatten zur Folge, daß er sehr schwer erkrankte. Nur eine Operation konnte ihn retten. Die erschreckende Aussage der Ärzte, er hätte nur noch eine Lebenserwartung von 3-4 Monaten, verstärkten seinen grenzenlosen Drang zum Forschen. Sein Bewußtsein hatte nur ein Ziel vor Augen: Es müsse eine Möglichkeit geben, das Leid und Elend zu besiegen.

Bald war er wieder gesund, und sein weiterer Weg führte ihn als Pathologe und Bakteriologe ins Königlich Homöopathische Krankenhaus in London. Hier kam er nun zum ersten Mal mit den Schriften Hahnemanns in Berührung. Fasziniert las er die Bücher und fand dadurch seine eigene Vorstellung von Heilung bestätigt. Besonders die Aussage: “Behandle den Patienten und nicht die Krankheit” fanden sein vollstes Verständnis. Eine innere Stimme lenkte seine Aufmerksamkeit immer wieder auf die Darmflora. Er hatte so eine Vorahnung, daß hier der entscheidende Wendepunkt zu finden war. Im Laufe der Zeit kristallisierten sich aus der ungeheueren Fülle von Darmbakterien sieben bedeutende Gruppen heraus. Es gelang ihm nachzuweisen, daß, wenn eine dieser sieben Hauptgruppen bei einem Patienten vorherrschte, man sie einer bestimmten Persönlichkeitsstruktur zuordnen konnte.

Aufbauend auf dieser Entdeckung entwickelte er nach den homöopathischen Gesetzmäßigkeiten eine Art Impftherapie, die sogenannten sieben Nosoden. Sie haben noch heute ihren festen Platz in der Homöopathie. Dieser Durchbruch brachte ihm erstaunliche Anerkennung. Hunderte von Patienten behandelte er auf diese Weise mit großem Erfolg. Er erkannte die Richtigkeit des Ansatzes der Homöopathie, die immer den ganzen Menschen sieht und nicht nur das Krankheitssymptom.

Trotzdem war er überzeugt, daß es noch eine andere und einfachere Möglichkeit geben müsse, dem kranken Menschen zu helfen. Besonders störte ihn, daß die Nosoden aus Bakterien stammten und nicht pflanzlichen Ursprungs waren.

Er glaubte an die Reinheit der Natur; und diese Natur wollte er erforschen. Es bewahrheitete sich, daß die Ursache einer jeden Krankheit in der Psyche des Menschen, also in seinem ganzen Wesen zu suchen ist. Das heißt: Der Mensch ist krank — und nicht: Der Mensch hat eine Krankheit. Dr. Bach´s Aufgabe war es, die richtigen Pflanzen zu finden, die den Weg zur Seele, dem Ort der Liebe, freilegten.

Dr. Edward Bach hatte mit seinen 44 Jahren Großes erreicht und Ruhm und Anerkennung erhalten. 1920 wurden bereits seine Forschungsarbeiten über die Toxämie in der königlichen Zeitung veröffentlicht. Außerdem war er Mitglied des ärztlichen Stabes am University College Hospital, Dozent an der Londoner Universität, Chefbakteriologe am Londoner Homöopathischen Krankenhaus, hatte eine eigene Praxis in der Harley Street und Forschungslaboratorien in Park Crescent, wo er immer vier Ärzte beschäftigte.

Die Liebe zu den Menschen und den kranken Geschöpfen war so stark, daß er 1930 alle Brücken hinter sich abbrach und auf's Land zog. Er wollte unbedingt der Menschheit eine Heilmethode hinterlassen, die den Kern der Sache berührt und noch dazu einfach zu handhaben ist. Er warf sein ganzes angelerntes Wissen über Bord und verließ sich nur noch auf seine innere Stimme. Jeden Sommer streifte er durch Wiesen und Wälder, immer auf der Suche nach Pflanzen, die Eigenschaften besitzen, um die negativen Gemütszustände der Menschen zu beeinflussen. Im Winter behandelte er dann seine Patienten mit den Blüten, die er entdeckte.

Nachdem er 37 Blüten und das Quellwasser gefunden hatte, war sein Werk vollendet. Seine Aufgabe auf dieser Welt war scheinbar erfüllt, und so starb er friedlich im Jahre 1936.

Was hat nun Dr. Bach mit Konzentrationsstörungen zu tun?

Edward Bach gab uns 38 Blütenessenzen in die Hand, die 38 verschiedenen Charaktereigenschaften zugeordnet werden können. Einige davon geben uns Hinweise auf Konzentrationsstörungen. Gelingt es uns, diese zu beheben, so wirkt sich das nicht nur in der Schule oder bei der Arbeit erfreulich aus, sondern auch prophylaktisch auf unsere Gesundheit.

Dr. Bach war der Auffassung, daß wir zu wenig auf die Stimme der Seele hören. Seine Blüten zeigen verschiedene Wege auf, den verschütteten Kanal zum Kern unseres Daseins wieder freizulegen. Beim einen ist der Weg durch Angst, beim anderen durch Haß, durch einseitige Überbelastung, Kritik, Interesselosigkeit, Entscheidungsschwierigkeiten usw. versperrt. Nur wer freien Zugang zu seinem Innersten bekommt, wird sich seiner Individualität, das heißt seiner Lebensaufgabe in dieser Welt, bewußt. Wir sind hier auf der Erde, um diese fehlenden Tugenden zu entwikkeln. Konzentrationsstörungen können uns also Eigenschaften erkennen lassen, die, wenn wir sie behandeln, unserem zukünftigen Lebensweg bereits eine positive Wende geben. Die Seele ist allwissend und bringt uns deshalb zu Orten und in Situationen, die wichtig sind, um diese negativen Charakterzüge wahrzunehmen. Nur so können wir daran arbeiten und eine Entwicklung zur Vollkommenheit einschlagen.

Einleitung

Dieses Buch soll Ihnen helfen, mit den beschriebenen Bachblüten die Ursachen von Konzentrationsstörungen zu erkennen und einen Weg zur Beseitigung aufzeigen. Sie werden feststellen, daß Konzentrationsstörungen verschiedene Gründe haben, daß jedes Kind anders veranlagt ist und daher auch individuell behandelt werden muß. Dank der Charaktere der Bachblüten, die genauestens auf Wesenszüge der Kinder eingehen, ist es möglich herauszufinden, wo die Probleme ihren Ursprung haben. Die Einnahme der richtig ausgewählten Blütenessenzen bewirkt auf sanfte Weise eine Veränderung der festgestellten Fehlsteuerungen.

Die folgenden Charaktere, wie sie hier beschrieben werden, kommen selten in so ausgeprägter Form vor. Wir haben viele verschiedene Eigenschaften in uns. Einige davon treten stärker, andere schwächer hervor. Durch genaue Beobachtung können wir die einen oder anderen Züge an unseren Kindern entdecken. Dadurch werden Sie einen besseren Zugang zu Ihrem Kind finden und großes Verständnis für seine Schwierigkeiten aufbringen können. Erst wenn man weiß, wo der Irrtum begründet ist, kann geholfen werden. Man wird verstehen lernen, warum es sich in einer Situation so und nicht anders verhält.

Ein Larch-Schüler zum Beispiel wird extreme schulische Schwierigkeiten haben, weil er sich für dümmer hält als andere, obwohl meist das Gegenteil der Fall ist. Durch seine extremen Ängste vor dem Lehrer (Autorität), seine Erwartungsängste und seine überaus große Angst, sich zu blamieren, ist kaum eine Konzentration auf den Unterricht möglich. Seine ganze Aufmerksamkeit haftet an seinen Ängsten.

Ermahnungen von außen, wie "Du bist doch auch nicht dümmer!", oder "Stell dich nicht so an!", werden bei dem Larch-Schüler keinerlei Wirkung zeigen. Seine Ängste verstärken sich höchstens, weil er nicht ernst genommen wird. Niemand erkennt die Not, in der er sich befindet, und aus diesem Grund kann er auch auf keine wirkliche Veränderung der Lage hoffen.

Mit Hilfe der Bachblüte Larch erkennen wir diesen Zustand unseres Kindes, können gezielt auf seine Probleme eingehen, und es behutsam mit viel Verständnis und Rücksichtnahme behandeln.

Die Bachblüte Larch kann einen großen Beitrag dazu leisten, das Selbstwertgefühl des Schülers zu steigern oder ganz wieder herzustellen. So wird seine Konzentrationsschwäche im Laufe der Zeit der Vergangenheit angehören. Je mehr die negativen Eigenschaften aufgehoben werden, desto stärker können die positiven Charakterzüge in Erscheinung treten.

Es ist nicht immer leicht, die einzelnen Eigenschaften herauszufinden, deshalb stehen Ihnen im Zweifelsfalle auch Bachblütenbehandler zur Verfügung, die Ihnen mit ihrem Wissen und ihren Erfahrungen gerne behilflich sind.

Kurze Übersicht

1.	Cherry Plum	—	Der Schüler lebt mit einer inneren Dauerspannung, dadurch Unruhe und Hektik
2.	Chestnut Bud	—	Der Schüler macht immer wieder die gleichen Fehler, weil er mit seinen Gedanken ständig zwei Schritte voraus ist.
3.	Clematis	—	Der Schüler ist mit den Gedanken in einer schönen anderen Welt. Er träumt vor sich hin.
4.	Heather	—	Der Schüler will ständig im Mittelpunkt stehen. Er kommt, schaut und redet!
5.	Honeysuckle	—	Der Schüler träumt auch vor sich hin, aber er lebt mit seinen Gedanken in der Vergangenheit.
6.	Hornbeam	—	Der Schüler ist müde, weil er geistig überfordert ist.
7.	Impatiens	—	Dem Schüler geht alles zu langsam, deshalb ist er genervt und macht Leichtsinnsfehler

8. Larch	—	Der Schüler hat Angst zu versagen und fühlt sich anderen von vornherein unterlegen (Erwartungsängste)
9. Mimulus	—	Der Schüler leidet unter vielen Ängsten; er hat vor allem und jedem Angst.
10. Mustard	—	Depressionen ohne ersichtlichen Grund, die so schnell vergehen, wie sie gekommen sind
11. Olive	—	Der Schüler ist ständig müde aufgrund von geistiger und körperlicher Erschöpfung
12. Scleranthus	—	Der Schüler kann sich nicht zwischen zwei Möglichkeiten entscheiden und ist dadurch sehr unruhig.
13. Vervain	—	Der Schüler hat ein oder zwei Fächer, in dem er mit Begeisterung arbeitet und sogar anderen sein Wissen aufdrängen will. Der Rest des Unterrichts interressiert ihn nicht.
14. White Chestnut	—	Der Schüler hat ständig sich wiederholende Gedanken im Kopf, die er nicht los wird.

Vergleiche einzelner Blüten

1. Cherry Plum	—	Unruhe durch innere Anspannung
2. Impatiens	—	Unruhe, weil ihm alles zu langsam geht
3. Scleranthus	—	Unruhe, weil er sich nicht entscheiden kann
4. Chestnut Bud	—	Unruhe, weil so viele Gedanken und Ideen auf ihn einströmen

1. Clematis	—	verträumt, weil er in seiner Fantasiewelt lebt
2. Honeysuckle	—	verträumt, weil er in der Vergangenheit lebt

1. Heather	—	stört den Unterricht, weil er ständig im Mittelpunkt stehen will (Minderwertigkeitsproblem)
2. Vervain	—	stört den Unterricht nur in bestimmten Fächern, in denen er sich großes Wissen angeeignet hat - oder aneignen will
3. Impatiens	—	stört den Unterricht, wenn ihm alles zu langsam geht

1. Hornbeam	—	ist müde, weil er geistig überfordert ist
2. Olive	—	ist müde, weil er seelisch, geistig und körperlich überfordert ist
1. Larch	—	Angst vor der Schule, weil er sich blamieren könnte
2. Mimulus	—	Angst vor der Schule, vor Lärm, den Mitschülern, Dunkelheit, vor Noten, Prüfung
1. White Chestnut	—	es kreisen unerwünschte Gedanken im Kopf, aus unerklärlichen Gründen
2. Mimulus	—	es kreisen unerwünschte Gedanken im Kopf, aus Angst vor Dingen und Situationen
3. Cherry Plum	—	es kreisen unerwünschte Gedanken im Kopf, aus Angst vor sich selbst

Alle Namen der Lehrer sind frei erfunden. Etwaige Ähnlichkeiten sind rein zufällig.

Cherry Plum — Kirschpflaume

1. Verhalten

Frau Streng, Lehrerin für Mathematik und Physik, betritt das Klassenzimmer: ”Laßt alles vom Tisch in die Schultaschen verschwinden, wir schreiben eine Ex in Geometrie! Ihr braucht nur einen Stift, das Geodreieck und den Zirkel.“

Der Schüler Cherry Plum holt seinen Zirkelkasten aus der Tasche, legt den Bleistift zurecht, öffnet das Kästchen und nimmt den Zirkel heraus. Sein Blick fällt auf die Metallspitze des Zeichengeräts. Da dreht sich sein Vordermann zu ihm um und in diesem Augenblick überkommt ihn der mächtige Impuls, dem Nachbarn ein Auge auszustechen. Krampfhaft umklammert er den Zirkel und starrt ihn an. “Das darf ich nicht tun, das ist der reinste Wahnsinn!” Cherry Plum versucht vernünftig und ruhig zu bleiben, aber der Impuls hat eine beängstigende Kraft. Er bemerkt kaum, daß Frau Streng gerade das Aufgabenblatt auf seinen Tisch legt: “Hast du die letzte Stunde so wenig aufgepaßt, daß du jetzt vor Schreck erstarrt bist?” fragte sie. "Reiß dich zusammen, du kannst das schon, wenn du dich konzentrierst!”

Cherry Plum traut sich nicht, die Lehrerin anzusehen. “Wenn die wüßte, welch grausige Bilder in meinem Kopf herumspuken! Nicht auszudenken!” Ihm war klar, daß er sich niemandem anvertrauen konnte, denn jeder würde ihn für verrückt — oder noch schlimmer — für gefährlich halten.

“Hat jetzt jeder sein Aufgabenblatt?”, erkundigt sich Frau Streng. “Gut. Ihr habt zwanzig Minuten Zeit.”

Cherry Plum ist unfähig, sich die Aufgabe in Ruhe durchzulesen. Er sticht die Spitze seines Zirkels in das vor ihm liegende karierte Blatt, und verstärkt den Druck so sehr, daß das Metall sich in das Holz des Tisches bohrt. “Oh, verdammt, hoffentlich erwischt mich Frau Streng nicht!” Vorsichtig späht er, wo sie sich gerade aufhält. “Ah, sie geht zum offenen Fenster, um es zu schließen. Sie hat mich nicht gesehen, Gott sei Dank!” Er beobachtet, wie die Lehrerin einen Moment am offenen Fenster steht und hinausschaut. In diesem Augenblick packt ihn eine neue Schreckensvision: Er will aufspringen und die Frau aus dem Fenster stürzen! Wie in Trance starrt er die Lehrerin an. Die Kraft, die er aufwenden muß, um seinen Willen zu beherrschen und ruhig sitzen zu bleiben, ist eine Qual. Er hat das Bedürfnis, sich festhalten zu müssen. Ein Teufel schien in seinem Inneren zu wohnen, der ihn ständig in's Verderben stürzen wollte. Da knackt es. Die Bleistiftmine seines Zirkels ist abgebrochen und das Instrument fällt ihm aus der schweißnassen Hand. Frau Streng kommt jetzt bösen Blickes auf ihn zu. “Cherry Plum”, zischt sie leise, “verhalte dich ruhig und spiele nicht herum. Du kannst doch mit dem Zirkel umgehen, oder?”

Der gewalttätige Trieb im Inneren des Jungen verstärkt seine Unruhe: “Was soll ich tun? Wenn ich doch nur diesen schrecklichen Druck loswerden könnte! Herumlaufen, springen, Purzelbäume schlagen oder schreien — ja, das wäre eine Erlösung! Aber es geht eben nicht. Ich muß mich jetzt zusammenreißen. Die Zeit ist gleich um und ich habe noch nichts auf dem Papier!” Er versucht erneut, die Aufgaben aufmerksam durchzulesen, was ihm jedoch aufgrund der steigenden Nervosität nicht gelingen will. In Cherry Plums Inneren gibt es nur noch einen Gedanken: “Halte durch!” Frau Streng's Stimme durchdringt die Stille in der Klasse: “Ihr habt noch fünf Minuten Zeit! Kommt jetzt zum Ende eurer Arbeit!" Für Cherry Plum sind diese fünf Minuten eine Ewigkeit. Irgend etwas in ihm will ihn überwältigen — will ihn zum Explodieren bringen! Er hat nur noch Angst, Angst vor sich selbst, Angst, vor etwas unheimlich Starkem, das aus ihm heraus will und das er nicht herauslassen darf.

Es läutet. Gott sei Dank! Cherry Plum springt auf und stopft eiligst seine Sachen in die Schultasche, denn es war die letzte Stunde. "Nichts wie raus hier! Nur raus! Schnell weg!" Wie ein gehetztes Tier rennt er zum Pult, gibt sein leeres Blatt ab und bevor Frau Streng noch irgend etwas sagen kann, ist er auch schon davongestürmt.

Das Laufen und Reden mit seinen Freunden erleichtert ihn ein wenig. Er spricht in abgehackten, kurzen Sätzen mit einer etwas heiseren, unsicheren Stimme, denn auch im Gespräch muß er sich beherrschen. Es verfolgt ihn die ständige Angst, daß etwas Schlimmes aus ihm herauskäme, wenn er unkontrolliert erzählen würde.

Nun verabschiedet er sich von seinen Freunden, biegt vom Schulweg ab und läuft zu einer alten Scheune. Hier fühlt er sich unbeobachtet und allein. "Was ist nur mit mir los? Bin ich verrückt?, fragt er sich immer wieder, bis er anfängt, mit dem Kopf gegen die Holzwand der Hütte zu schlagen. Aber auch das führt zu keiner wirklichen Erleichterung. Cherry Plum entschließt sich, endlich nach Hause zu gehen. Ungelenk setzt er einen Schritt vor den anderen, denn das zwanghafte Beherrschen ist ein Programm, das Körper und Geist gefangen hält und nicht mehr durchbrochen werden kann.

Zu Hause angekommen, fetzt er die Schultasche in die Ecke und begrüßt Flipp, seinen kleinen Hund, der japsend an ihm hochspringt. Die beiden lieben sich sehr. Das lebhafte, pfiffige Benehmen des Mischlings erinnert ihn immer an einen Kobold. Cherry Plum geht in die Hocke, was Flipp einfach umwerfend findet. Er liebt es, wenn der große Zweibeiner zu ihm herunter kommt, wirft sich sofort auf den Rücken, streckt ihm sein Bäuchlein entgegen und will gekrault werden, was sein Herrchen auch lachend tut: "Du bist ein Clown, ein Spinner, ein ganz verrückter Hund!", redet er liebevoll auf ihn ein. Cherry Plum beobachtet, wie Flipp mit seinen Hinterbeinchen begeistert herumstrampelt und bei diesem Anblick überkommt ihn wiederum eine schreckliche Idee: Wie leicht könnte er jetzt dem Tier so ein Hinterbeinchen ausreißen! Oder einfach abbrechen! "Nein, nein, nicht schon wieder diese grauenhaften Bilder! Ich halte das nicht mehr aus! Warum nur? Warum kann ich nicht ´mal Flipp streicheln, ohne daß schauderhafte Vorstellungen in mir auftauchen?" Mühsam zieht er seine Hände zurück und traut sich den Hund nicht mehr anzusehen. Er will doch seinem Flipp nichts antun! Ganz bestimmt nicht!

Als die Mutter nach ihrem Sohn schaut, um ihn zum Essen zu rufen, sieht sie ihn mit starrem Blick in seinem Zimmer auf und ab laufen, die Hände tief in den Hosentaschen vergraben. Flipp springt dauernd an ihm hoch, aber der Junge reagiert nicht darauf. "Was ist denn mit dir schon wieder los?", fragt sie mißtrauisch. "Nun streichle doch mal den Hund! Wie kann man denn nur so unzugänglich sein?" Sie verstand das seltsame Benehmen ihres Sohnes einfach nicht und war unglücklich, daß er so launisch und unberechenbar war. "Komm jetzt bitte, ich habe das Essen schon auf dem Tisch!" Das Auf- und Ablaufen wäre ihm jetzt viel lieber, aber Mutter würde es nicht erlauben, daß er erst später zu Tisch käme. Also setzt er sich und versucht wiederum, sich ruhig zu verhalten. Aber in seinem Inneren tobt eine ungeheuere Kraft und er hat ständig Angst, daß sie aus ihm herausbrechen und er etwas Schreckliches tun könnte.

Mutter legt einen Leberknödel in seinen Teller und schöpft die dampfende Suppe dazu. Bei diesem Anblick läuft Cherry Plum ein Schauder über den Rücken: Er könnte sich oder jemand anderen damit verbrühen! Er möchte aufspringen und die Flucht ergreifen, weit, weit weglaufen — aber das kommt nicht in Frage! Wieder ruft er sich selbst zur Ordnung: “Reiß dich zusammen! Benimm dich doch endlich normal!” So lenkt er seine Aufmerksamkeit auf den Knödel, um das Bild der verbrühten Finger zu verdrängen. “Guten Appetit”, wünscht Mutter und fängt an, ihre Suppe zu löffeln. Der Junge starrt noch immer auf die schöne grau-braune Kugel in seinem Teller und schon durchzuckt ihn der nächste Impuls: “Jetzt packe ich den Knödel und stopfe ihn der Mutter in den Mund — drücke ihn fest rein — fest...” Er schlägt sich die Hände vors Gesicht: “Nein!, Nein! Nein!”, ruft er in Gedanken, aber über seine Lippen kommt kein einziger Ton. “Was ist denn jetzt schon wieder?” Mutters Stimme klingt gereizt. "Ich warne dich! Heute Nachmittag kommt Oma zu Besuch, und wenn du dich so blöd benimmst, dann werde ich wirklich wütend. Man muß sich ja schämen mit dir! Du tust gerade so, als hättest du nicht alle Tassen im Schrank!”

Cherry Plum verkneift erfolgreich seine Tränen und versucht erneut, ganz vernünftig die Suppe zu essen. Durch seine völlig verkrampfte Löffelführung mißlingt ihm jedoch das Anstechen des Leberknödels und es kommt, wie es kommen muß: Mit einem koketten Hüpfer pflutscht die Suppeneinlage auf den Tisch. Betreten sitzt er da, traut sich kaum noch zu atmen, und Mutters Schweigen steigert die Anspannung bis in’s Unerträgliche. Jetzt kommt es zur Explosion. Der Junge fängt an zu lachen. Es ist ein unnatürliches, helles, verzweifeltes Lachen, das immer lauter und hysterischer wird. Nun wird es der Mutter absolut zu viel und sie versetzt ihrem Sohn eine kräftige Ohrfeige, worauf das Lachen in ein wildes Gebrüll übergeht. Cherry Plum wirft sich auf den Boden, schlägt mit Armen und Beinen wild um sich und fällt schließlich in einen beängstigenden Schreikrampf, bis er kaum noch Luft bekommt und verstummt. Nur mit Mühe gelingt es der Mutter, ihm Baldriantropfen auf die Zunge zu träufeln. Kaum hat sich das Kind etwas beruhigt als auch schon die Vorwürfe der Mutter auf ihn hernieder prasseln: "Was soll denn dieses Theater! Du machst uns noch alle völlig fertig. Was werden nun wieder die Nachbarn denken? Das Geschrei hört man ja bis auf die Straße hinaus! Du blamierst mich vor allen Leuten! Wir werden dich in ein Heim stecken, wenn das so weiter geht. Willst du unbedingt da hin? Ich schäme mich einfach zu Tode mit dir! Geh jetzt in dein Zimmer und denke über dein Betragen nach! Und wenn Oma kommt, dann benimm dich um Himmels willen normal! Hast du gehört?"

2. Ursache und Wesenszüge

Cherry Plum-Kinder sind ursprünglich ausgesprochen lebensfrohe, impulsive und freiheitsliebende Menschen. Sie möchten ihre Gefühle und Ideen spontan ausleben, stoßen dabei aber auf eine undurchdringliche Wand des Widerstandes, der Einschränkungen und Strafen. Die Erwachsenenwelt wird der freien Ausdrucksfreude der Kinderseele nicht gerecht. Viele Buben und Mädchen setzten sich ganz einfach über solche Hürden hinweg, nicht aber der Cherry Plum-Typus, der ganz im Gegenteil alle Ermahnungen sehr ernst nimmt und somit in einen schweren Konflikt zwischen Vernunft und Unvernunft gerät. Darf sich ein lebenslustiges, neugieriges Kind zu wenig entfalten, und wird es ständig zu disziplinierter Vernunft und Ordnung angehalten, empfindet es im Laufe der Zeit seinen gefühlsmäßigen Entfaltungsdrang als bedrohlich. Das gesunde Selbstvertrauen in die eigenen Fähigkeiten wird Schritt für Schritt zurückgedrängt, und es kommt zu einem inneren Stau — dem negativen Cherry Plum-Syndrom.

Wir alle kennen das nervenaufreibende Gefühl, in einem Verkehrsstau zu stecken. Um wieviel quälender ist erst der latente innere Kräftestau einer unterdrückten Gefühlswelt! Eingezwängt wie ein Tiger im Käfig läuft das Cherry Plum-Kind hin und her, nimmt Ermahnungen sehr ernst, versucht sich ständig ”richtig” zu benehmen und verkrampft sich dabei immer mehr. Je stärker der Druck ansteigt, desto schrecklicher und zermürbender wird die innere Unruhe. Wo sollen denn nur all die eingesperrten Gefühle hin?

Es muß irgend ein Kanal geöffnet, ein Ventil gefunden werden, wo der Überdruck (wie bei einem Dampfdrucktopf) nach außen abgeleitet werden kann. Ohne die Möglichkeit Dampf ablassen zu dürfen, bekommen Cherry Plum-Kinder mächtige Angst vor sich selbst, Angst davor, daß sie etwas Schreckliches tun könnten, was sie eigentlich ja gar nicht wollen.

Eine chronische Verkrampfung führt zu gewalttätigen Vorstellungen, quälenden Horrorvisionen und schwer kontrollierbaren Gefühlsproblemen. Hysterische Ausbrüche bringen zwar von Zeit zu Zeit eine gewisse Erleichterung, aber ein harmonisches Zusammenwirken von Gefühl und Verstand kann sich dadurch nicht entwickeln.

3. Mögliche äußerliche Hinweise

- Nervosität, nervöses Gerede
- Stottern
- zwanghaftes Fragen
- Wutausbrüche
- starrer Blick
- hervortretende Augen
- Bettnässen
- Bluthochdruck

4. Wirkung der Bachblüten

Cherry Plum, die Kirschpflaume, ist der Baum, dessen Blüte Dr. Bach für Leute mit psychischem Überdruck ausfindig machte.

Mit der Einnahme dieses Mittels beginnt der Ausgleich zwischen Gefühl und Vernunft. Das Kind verspürt nach und nach Entspannung — die "Zwangsjacke" aus Trieb und Verstand verliert ihre übermächtige Bedeutung. Es wird immer öfter entdecken, daß seine lebhafte Phantasie, seine lebendigen Gefühle und Ideen durchaus mit den Regeln der Vernunft zu vereinbaren sind und zum Ausdruck gebracht werden können. Anfangs sind dies bestimmt nur zaghafte Versuche, aber jede noch so kleine positive Erfahrung in Richtung Selbsterfahrung bringt ein wenig Entspannung und gibt Mut für weitere Schritte.

Cherry Plum öffnet die "Überdruckventile" der Seele in so feiner Art, daß der Schüler kaum bemerkt, welche Änderungen in ihm vorgehen. Er fragt sich vielleicht irgendwann, ob nun die gewaltigen Gefühlsimpulse abgenommen haben, oder ob die Vernunft die Oberhand gewonnen hat. Cherry Plum bewirkt in beiden Bereichen (”Antrieb” und ”Bremse”) eine Feinabstimmung. Es muß jetzt nichts mehr zwanghaft unterdrückt werden. Unternehmungslust, Spontaneität und Vitalität finden einen natürlichen, lustvollen Ausdruck, ohne den Bereich der Verstandeskontrolle zu sprengen.

5. Liebe Eltern!

Es ist nicht immer einfach, einen Cherry Plum-Schüler zu erkennen, denn über solch gräßliche Wahnvorstellungen redet sicherlich niemand gerne. Die innere Hochspannung ist für Außenstehende aber durch nervöses und zugleich krampfhaftes Benehmen erkennbar. Oftmals geben der starre Blick, das Bettnässen oder das übertriebene Lachen und Schreien einen Hinweis. Wenn die Kirschpflaume in der Diagnose auftaucht, so muß man davon ausgehen, daß dieses Kind in seinem Herzensgrund einen starken Entfaltungsdrang und große Lebensfreude besitzt.

Lebhafte, interessierte Kinder nerven ihre Eltern, Verwandten, Kindergärtnerinnen und Lehrer. Es kommt zu ständigen Ermahnungen, Verboten und disziplinarischen Maßnahmen. ”Sitz' endlich still!”, ”Benimm dich!”, ”Iß anständig!”, ”Mit dem Essen spielt man nicht!”, ”Das geht jetzt nicht!”, ”Mach doch nicht dauernd alles kaputt!”, ”Laß das!”, ”Das ist gefährlich!”, ”Das ist nichts für dich!”. Die Verbote sind nicht zu zählen.

Überlegen Sie sich bitte, ob Sie nicht vielleicht doch zuviel verbieten, viel mehr, als notwendig wäre. Hinterfragen Sie die eigenen Beweggründe von Verboten und Einschränkungen, die Sie

Ihrer Tochter, Ihrem Sohn auferlegen: Stecken nicht größtenteils eigene Unsicherheiten, Ängste und Wünsche dahinter?

Die Eltern wünschen sich möglichst ruhige, vernünftige (was immer wir darunter verstehen), gescheite Kinder, die überall mit guten Leistungen glänzen, was ja wiederum auf die Familie zurückstrahlt — und das zählt!

"Was sollen denn die anderen von dir (und vor allem von mir!) denken?" Wenn wir ganz ehrlich mit uns sind, können wir deutlich unseren eigenen Ehrgeiz, unsere eigenen Moralvorstellungen und gesellschaftlichen Zwänge herausfiltern.

Cherry Plum-Zustände können auch aus veränderten Familien- oder Schulsituationen entstehen, in denen vom Kind mehr Rücksicht und vernünftiges Verhalten als bisher gefordert werden (z.B. bei langer Krankheit oder Plegebedürftigkeit eines Familienangehörigen, Ankunft eines Geschwisterchens, ein neuer Partner usw.).

Forschen Sie nach, wann sich das Kind verändert hat, und wie es früher war: Hat es fröhlich gelacht? Hat es sich herzlich freuen können? Wie reagiert es heute?

Jetzt, wo Sie wissen, wie dem Cherry Plum-Schüler zumute ist, finden Sie bestimmt viele Möglichkeiten, ihm in der Entfaltung seiner Lebensfreude behilflich zu sein.

Wie lerne ich
aus meinen
Erfahrungen?

Chestnut Bud
— Knospe der Rosskastanie

1. Verhalten

Es ist Freitag morgen, 8 Uhr. Der Schüler Chestnut Bud steht mit ungläubigem Blick vor dem verschlossenen Klassenzimmer. “Wieso ist heute keiner da?”, denkt er verwirrt, wird dann aber sogleich ärgerlich: “Warum sagt mir niemand, wenn Stunden ausfallen? Alle wußten es anscheinend, nur ich nicht!” Eine Weile steht er noch murrend herum und überlegt, ob er nach Hause gehen soll, entschließt sich aber dann doch, seinen Unmut in das Sekretariat zu tragen.

Als Frau Aktenklein das Klopfen hört, ist ihr schlagartig klar, wer vor der Türe steht: “Das wird doch nicht schon wieder Chestnut Bud sein!” Da reißt er bereits die Türe auf und schimpft drauflos: “Warum hat mir keiner gesagt, daß heute Unterricht ausfällt, Frau Aktenklein? Ich finde das wirklich ungerecht!”

Die Sekretärin seufzt tief, dann spricht sie ganz langsam, als diktierte sie dem Schüler: “Heute ist Freitag. Seit drei Monaten habt ihr, die Klasse 6a, in den ersten beiden Stunden Sport.”

“Ach ja! Hab’ ich ganz vergessen!” “Ich bin schon gespannt, an wievielen Freitagen du noch hier erscheinst!” bemerkt die Sekretärin. Chestnut Bud hört es aber nicht mehr. Während er zur Turnhalle eilt, ärgert er sich über den langen, umständlichen Weg dorthin. Endlich angekommen, reißt er das Tor zur Halle auf und trampelt mit seinen Straßenschuhen geradewegs hinein.

"Ah, Chesti!", rufen seine Klassenkameraden belustigt, "Bist du auch schon da? Hast' mal wieder vor der Klassentüre gestanden, was?" "Himmel nochmal!", donnert Herr Springmann los, "jetzt kommst du **wieder** mit den Straßenschuhen herein! Es ist nicht zu fassen!" Die Stimme des Sportlehrers wird nun beinahe bedrohlich: "Das ist heute das allerletzte Mal! — Hast du verstanden?" Der Junge nickt, rührt sich aber nicht von der Stelle. "Sag' bloß, du hast auch dein Sportzeug wieder vergessen?" Chestnut Bud nickt wieder. Herr Springmann rollt die Augen und schickt einen verzweifelten Blick an die Decke. Wortlos drückt er dem Schüler den Schlüssel für das Kästchen mit den Ersatzschuhen in die Hand. Dankend sprintet Chestnut Bud los, worauf ein dumpfer Schlag zu hören ist: Er ist, wie schon so oft, mit voller Wucht gegen den Türrahmen gedonnert! Die Buben lachen sich halb tot, während Chestnut Bud lauthals flucht und sich zum x-ten Mal über den doofen Architekten und die dämliche Tür aufregt.

In der nächsten Stunde haben die Schüler der 6a Mathematik bei Frau Ganzgenau. Die Lehrerin erklärt ausführlich die umfangreiche Textaufgabe. Chestnut Bud hört ein wenig zu, glaubt, daß das alles ganz einfach ist und rechnet drauflos. Den langweiligen Ausführungen von Frau Ganzgenau will er nicht mehr folgen. Während die anderen Schüler den Rechenweg Schritt für Schritt vollziehen, meldet sich Chestnut Bud bereits mit seinem Ergebnis. Frau Ganzgenau ruft ihn auf. "Es ist ..." Er sucht auf seinem Blatt herum, kann aber unter all seinen Rechnungen das Ergebnis nicht mehr finden. "Na, was ist?", fragt die Lehrerin nach. "Jetzt weiß ich nicht mehr ... ich hab's vergessen", stammelt er. Aber schon im nächsten Moment fällt ihm das Ergebnis ins Auge, und schon wieder schießt sein Finger in die Höhe. "Ist es dir jetzt wieder eingefallen?" "Ja, das Ergebnis lautet 32!" ruft Chestnut Bud. "Nein, das stimmt nicht!" meint Frau Ganzgenau und schaut sich daraufhin den Hefteintrag an. Dabei stellt sie wieder einmal fest, daß er kreuz und quer herumrechnet und sich nicht an den eben besprochenen Lösungsweg hält. "Wenn du dich nicht an das Frageschema hältst, dann verhedderst du dich in der Aufgabe. Mit welcher Frage mußt du anfangen?" "Ah, jetzt hab' ich's! 320 kommt heraus!", ruft er. "Chestnut Bud!", ermahnt die Lehrerin ihren Schüler erneut, "Wann hörst du endlich mal zu? Ich versuche gerade, dir etwas klar zu machen, und du bist schon wieder in Gedanken zehn Schritte voraus! Jetzt konzentriere dich endlich und schau' dir mal die Aufgabe gründlich an. Auf genau den gleichen Fehler habe ich dich auch bei der letzten Rechnung hingewiesen." Weiter kommt sie nicht mehr, denn in diesem Augenblick ruft der Junge hocherfreut: "Jetzt hab ich's! Ich habe die Lösung der nächsten Aufgabe! Soll ich ihnen das Ergebnis sagen?" Kopfschüttelnd und völlig entnervt geht sie zum Pult zurück.

In der Pause kauft sich Chestnut Bud seine geliebte Milch am Schulkiosk. Er verträgt sie eigentlich nicht, kauft und trinkt sie aber trotzdem.

Als alle wieder in der Klasse sind, verkündet Frau Ganzgenau das neue Aufsatzthema: *Wie lerne ich aus meinen Erfahrungen?* Sie ruft als ersten Chestnut Bud auf und fragt ihn: "Kannst du dir etwas darunter vorstellen? Du hast bestimmt schon viele Erfahrungen gemacht, aus denen du etwas wichtiges gelernt hast?" "Frau Ganzgenau, ich muß dringend raus ... mein Bauch .... " jammert Chestnut Bud.

Auf der Toilette sagt er sich: "'Bin richtig froh, daß ich Durchfall habe. *So* ein dummes Thema, das interessiert mich überhaupt nicht. Was soll ich schon aus meinen Erfahrungen lernen — welche Erfahrungen überhaupt?"

Zuhause angekommen empfängt ihn die Mutter nicht sehr freundlich: "Ich kann es einfach nicht mehr mit ansehen, wie chaotisch dein Zimmer dauernd aussieht. Heute wird endlich aufgeräumt! Ich lasse dich erst wieder rausgehen, wenn alles in Ordnung ist, hast du mich verstanden?" "Ja, ich soll aufräumen, aber das könnte ich doch heute Abend machen, jetzt ist es so schön draußen!" brummt er.

Nach dem Mittagessen geht Chestnut Bud mit der nochmaligen Ermahnung seiner Mutter, auch ja sorgfältig aufzuräumen, in sein Zimmer. "Ich hasse aufräumen, dauernd dieser Streß!", ärgert er sich. "Ich weiß gar nicht, was ich aufräumen soll!" Da fällt sein Blick auf die Malsachen, die zerstreut auf dem Boden herumliegen. Nachdem er alle Stifte und Pinsel zusammengesucht hat, setzt er sich an den Schreibtisch und beginnt zu zeichnen. Mit dem Gedanken, ein wenig später aufzuräumen, macht er sich genüßlich an die Arbeit.

Nach zwei Stunden schaut die Mutter vorsichtig in Chestnut Buds Zimmer, da ihr die Stille recht seltsam vorkommt. Sie sieht ihren Sohn am Schreibtisch sitzen, um ihn herum liegen neun große bemalte Bögen Papier. Ansonsten hat sich in diesem Raum nichts verändert. "Hier herrscht ja immer noch das gleiche Chaos! Was machst du eigentlich die ganze Zeit?" ruft sie erbost. "Ich räume schon noch auf, keine Angst", faucht der Junge zurück. "Ich möchte nur wissen wann! Dauernd verschiebst du alle unangenehmen Dinge bis zum Sankt Nimmerleinstag. Hast du wenigstens die Hausaufgaben schon gemacht?" "Hausaufgaben?" Chestnut Bud überlegt. "Ach so. Ja. Aber wir haben nicht viel auf. Ich mach' sie dann schon." "Aha", raunt die Mutter, "ich seh schon, du wartest wiedermal bis abends, und dann bist du endgültig zu müde, um sie zu machen. Oder du schmierst sie oberflächlich und schlampig hin. Ich ver-stehe nicht, daß du den Wert der Hausaufgaben absolut nicht erkennen willst. Wenn es dann schlechte Noten hagelt, beschuldigst du natürlich wieder die ungerechten Lehrer. Ich möchte nur wissen, wann du endlich mal aus deinen Fehlern lernen wirst."

2. Ursache und Wesenszüge

Chestnut Bud-Menschen unterlaufen immer wieder die gleichen Fehler. Das Problem ist, daß sie unangenehmen Dingen aus dem Weg gehen, sich nicht die Situation betrachten und aus Erfahrungen nicht ihre Schlüsse ziehen. Der Schüler will oder kann nicht erkennen, daß ein Plan nur dann zur Vollendung kommt, wenn ein Schritt nach dem anderen getan wird. Das Dach kann erst auf das Haus gebaut werden, wenn die Grundmauern stehen.

Die Ursache liegt in einer zu selbstbezogenen und gefühlsbetonten Haltung. Es fällt diesem Schüler außerordentlich schwer, sich mit etwas zu beschäftigen, wozu er keine spezielle Beziehung hat, und so verliert er jede Aufmerksamkeit. Alles Negative will er schnellstens aus seinem Kopf verbannen. Dabei übersieht er den schrittweisen Lebensablauf und die kleinen oder großen Erfahrungen, die er täglich machen könnte, um sich weiterzuentwickeln.

Aus den "langweiligen" Ausführungen des Lehrers filtert Chestnut Bud nur so viel heraus, wie ihn tatsächlich interessiert. Es macht ihm lediglich Spaß, die Lösung einer Rechnung zu finden, daß er den kompletten Rechenweg gehen muß, will er nicht wahrhaben. Tagtäglich verbrennt er sich an heißen Getränken, immer wieder bekommt er Ärger, weil er auf keine Stundenpläne achtet, die

Hausaufgaben aufschiebt und auf den letzten Drücker macht. Wieder und wieder stellt er die gleichen Fragen, vergißt ständig Sportzeug, Malsachen, Schlüssel und sonstiges, aber alle Ermahnungen und Strafen fruchten nicht. Dieser Mensch wirkt unaufmerksam, zerstreut, langsam, unbeholfen und kindlich. Man hat den Eindruck, daß keine Fortschritte in der persönlichen Entwicklung stattfinden. Er verpaßt, im "Hier und Jetzt" Erfahrungen zu sammeln, weil er ständig mindestens zwei Schritte voraus eilt und überlegt, was er als Übernächstes tun könnte. Oftmals passiert ihm dasselbe Mißgeschick unter den gleichen Voraussetzungen hintereinander, doch er kommt nicht darauf, daß der Fehler in seinem eigenen Verhalten liegt. Alle anderen sind grundsätzlich die Schuldigen, jede Konfrontation mit sich selbst wird abgelehnt.

Der extreme Chestnut Bud-Typ ist das lebensuntüchtige Genie. In seinem ganz speziellen Fach kann er unschlagbar werden, aber alles sonstige um ihn herum interressiert ihn kaum. Wer kennt nicht die Geschichte vom zerstreuten Professor, der aber kaum in der Lage ist, die einfachsten alltäglichen Dinge zu erledigen? Durch seine Unlust und Zerstreutheit in allem, was ihn nicht interessiert, erkennt er die Zusammenhänge und Handlungsweisen, die sich daraus folgerichtig ergeben, nicht.

Chestnut Bud-Schüler wollen den Unterricht des Lebens schwänzen.

3. Mögliche äußere Hinweise

- Gedächtnisschwäche
- Die Kinder wirken manchmal "zurückgeblieben"

- Unaufmerksamkeit
- Zerstreutheit
- Unzuverlässigkeit
- Kopfschmerzen, die immer nach dem Genuß von Zwiebeln oder nach dem Lesen bei Kerzenlicht auftreten; oder Magenschmerzen, die immer nach kalter Milch, zuviel Fernsehen oder nach einem ganz bestimmten Gespräch auftauchen — das heißt, bestimmte Symptome treten immer in (oder nach) den gleichen Situationen auf.

4. Wirkung der Bachblüten

Chestnut Bud, die Roßkastanienknospe, hilft dem Schüler, seine Aufmerksamkeit auf die Gegenwart zu lenken und genauer zu beobachten. Er wird die Welt um sich herum intensiv wahrnehmen können und sich des "Hier und Jetzt" bewußt werden. Aus dieser neuen Perspektive kann er sich mit seinen Erlebnissen gründlich auseinandersetzen, seine gedankliche Welt der materiellen näherbringen und schließlich seine Konsequenzen daraus ziehen.

Chestnut Bud löst die Verstrickungen, in die der Mensch aufgrund von zu starker Selbstbezogenheit geraten ist. Aus der sturen Verweigerung, am Lernprozeß des Lebens teilzunehmen, erwacht eine freudige Bereitschaft, Neues aufzunehmen, zu verarbeiten und aus den Fehlern zu lernen.

Der Schüler wird immer fähiger, sich den Lernthemen mit liebevoller Aufmerksamkeit zu widmen. Durch sein gesteigertes Interesse erhöht sich auch die Bereitschaft, alle Situationen bewußt zu durchleben und sich mit dem Erlebten gründlich auseinanderzusetzen, um daraus zu lernen. So kann er nun aus seinen Erfahrungen Gewinn ziehen, und das ständige Wiederholen der gleichen Fehler hat ein Ende.

Die Wandlung des negativen Chestnut Bud-Schülers zu einem aufgeweckten, neugierigen und lernfreudigen Menschen, der bestimmten Situationen nicht mehr aus dem Weg geht, sondern sich beherzt mit den Lösungsmöglichkeiten auseinandersetzt, hat begonnen. Chestnut Bud hilft dem Menschen, sich aus der Sichtweise von Einzelaspekten zu lösen, um zu einer Synthese und damit zur Erkenntnis der großen Zusammenhänge des Lebens zu kommen. Chestnut Bud führt den Lernenden zur Weisheit.

5. Liebe Eltern!

"Wie oft habe ich dir schon gesagt ...!" — gehört dieser Satz zu Ihrem tagtäglichen Repertoire? Streichen Sie ihn ein für alle mal! Unterstützen Sie ihr Kind (und die Wandlungsarbeit der Bachblüte), indem Sie es immer wieder geduldig in das momentane Geschehen zurückholen, wenn es in Gedanken vorauseilt. Vielleicht ist es eine gute Sache, am Abend die Ereignisse des Tages noch einmal durchzusprechen, auf Erfahrungen hinzuweisen. Was wurde daraus gelernt — was kann besser gemacht werden? Auch die Beschäftigung mit Pflanzen am Fensterbrett oder im Garten kann den Kindern helfen, daß jeder Schritt wichtig ist, und daß alles Gedeihen Raum und Zeit braucht. Freude bringt uns eine Pflanze nur, wenn wir ihr Schritt für Schritt zu Schönheit verhelfen. Sie braucht regelmäßige Pflege, den richtigen Nährboden und Luft, um zu ihrer vollen Entfaltung zu gelangen.

Machen Sie sich klar, daß Sie viel zur positiven Entwicklung ihres Chestnut Bud-Kindes beitragen können, wenn Sie beobachten, für welche Bereiche es Interesse zeigt. Fördern Sie seine Freude an der Beschäftigung mit seinen Lieblingsthemen, und versuchen Sie, auf die ganz persönlichen Gesetzmäßigkeiten Ihres Kindes einzugehen. Es ist ein ausgeprägter Idealist und hat das Zeug in sich, auf seinem Interessengebiet ein "Spezialist" zu werden. Wenn Eltern (und Lehrer) die Lernfreude nicht durch trockenes Auswendiglernen und computerhaftes Einspeichern von Wissen unnötig vereiteln, sondern dazu beitragen, den natürlichen Wissensdurst und Spaß am Entwickeln von Fähigkeiten zu unterstützen, wird aus dem "zerstreuten Professor" ein umsichtiger "Experte".

Clematis — Weisse Waldrebe

1. Verhalten

Clematis sitzt mit verträumtem Blick hinten in der letzen Reihe. Sie nimmt das laute Geschwätz der anderen Schüler um sie herum nicht wahr und bemerkt auch nicht, als es plötzlich ruhig wird und der Unterricht beginnt.

Das Mädchen malt sich in den schönsten Farben aus, wie sie durch das Märchenschloß spaziert, das sie gestern abend in dem schönen alten Märchenbuch von Oma Liebevoll gesehen hat. Im Geiste schreitet sie langsam die breite Marmotreppe des Schlosses hinunter. Das bodenlange, zartrosa Brokatkleid raschelt, und die ausladende Krempe ihres mit Bändern geschmückten Florentinerhutes wippt bei jedem Tritt ein wenig mit. Nun spaziert sie, ein zierliches Rüschenschirmchen am Handgelenk baumelnd, hinaus in den riesigen Park. Ihr Weg führt an Springbrunnen, Tulpenbeeten und Fliederhecken vorbei in Richtung Wald. Auf ihrer Lieblingsbank, von der aus sie die Tiere gut beobachten kann, nimmt sie Platz. Das Mädchen spürt die warme Sonne und genießt den Duft der Bäume und Sträucher. Wie herrlich ist es hier! Und da! Ein junges Rehböcklein kommt neugierig näher. Voll Liebe strahlt Clematis das Tier an — und plötzlich legt es sein Köpfchen auf ihre Knie. Während sie überglücklich das Böcklein hinter dem Ohr krault, kommen noch mehr Rehe aus dem Wald und wollen von ihr gestreichelt werden. Eines ist besonders ungeduldig und stößt seine Nase an Clematis' Arm. "Ja, ja," murmelt sie, "ich streichle dich auch gleich. Ich habe doch nur zwei Hände!" Ein weiterer Rempler weckt Clematis aus ihren Träumen, und sie merkt, daß es ihre Nachbarin war, die sie am Arm geknufft hatte.

Wie von Ferne hört sie auch schon eine Stimme rufen:

“Sprich ruhig lauter, Clematis! Wir wollen alle hören, welches unsere liebsten Haustiere sind!” — “Die Rehe!”, antwortet das Mädchen lächelnd. Frau Putzmunter schüttelt den Kopf: “Ich glaube du hast ´mal wieder nicht aufgepaßt! Wo bist du nur immer mit deinen Gedanken? Ist das Reh tatsächlich ein Haustier?” “Sie haben ein ganz weiches Fell!”, äußert das Mädchen gedankenverloren. Es folgt allgemeines Gelächter. Clematis weiß nicht so recht, wie sie jetzt mit der Situation umgehen soll. So plappert sie einfach das Wort "Hund" nach, das ihr die Nachbarin zuflüstert. "Na endlich"! sagt die Lehrerin mit einem erleichternden Seufzer in der Stimme. "Trotzdem solltest du aufmerksamer am Unterricht teilnehmen."

Clematis gibt sich allergrößte Mühe. Aber schon nach kurzer Zeit wird sie wieder vom herrlichen Park, den duftenden Blumen und den Tieren des Waldes wie magnetisch angezogen. Ihre Gedanken entschwinden in die beschützte Welt der Phantasien, in der sie Harmonie und Geborgenheit findet.

Nach dieser Stunde ist die Schule aus, und heute hat Opa Liebevoll die Aufgabe übernommen, Clematis von der Schule abzuholen. Sie freut sich darauf, denn Opa hat immer ein Ohr für sie, wenn sie ihm ihre phantasievollen Geschichten erzählt. Sie möchte so gerne in einem Schloß wohnen und schöne Kleider tragen. Eine reichen Mann heiraten und bunte Gewänder entwerfen. Dann möchte sie auch eine bekannte Modeschöpferin werden. So geht sie an der Hand von Opa dahin und merkt in ihren Phantasien nicht, daß sie schon gleich zu Hause sind, und stolpert über die Schwelle am

Hauseingang. Gut, daß Opa sie auffängt! Neulich, als sie mit dem Fahrrad unterwegs war, hatte sie von einer Kutschfahrt geträumt, dabei den Randstein übersehen, und schon war sie gestürzt. So handelte sie sich einen verstauchten Knöchel ein, mußte arge Schmerzen aushalten und einige Tage zu Hause bleiben. Aber für Clematis war das eigentlich gar nicht so schlimm, denn im warmen Bett hatte sie Zeit und Ruhe ihren Traumgeschichten ausgiebig nachzugehen. Am liebsten wäre sie nicht mehr aufgestanden und gleich zu den Englein gegangen, von denen Oma Liebevoll ihr oft vorlas.

An dem Tag, an dem sie wieder zur Schule gehen sollte, wurde Clematis morgens beim Zähneputzen so schwindelig, daß die Mutter überlegte, ob es nicht doch noch zu früh dafür sei. Wie glücklich war sie, noch einmal ausgiebig und ungestört in ihre Phantasiewelt entschwinden zu dürfen!

2. Ursache und Wesenzüge

Bei diesen Schülern befinden sich Traumwelt und reale Welt im Mißklang. Visionen und Unterbewußtes können nicht in den Tagesablauf integriert werden. Sie sind feinsinnig, empfindlich und haben ein besonderes Gespür für Farben, Töne, Düfte und Formen. Sie werden als Träumer, Traumtänzer, Spinner, Schlafmützen und Phantasten abgeurteilt. Dadurch verstärkt sich der Rückzug in die visionäre Welt. Wenn Dinge schief laufen oder wenn sie krank werden, haben sie wenig Antrieb, aus der Situation herauszukommen oder sie zu verbessern. Schläfrig und interessenlos laufen sie herum.

Sie geben sich selbst auf, was so weit gehen kann, daß sie im Krankheitsfall nicht einmal mehr Angst vor dem Tod haben, sondern sich ihn sogar herbeiwünschen. Da sie sowieso mehr Zeit auf anderen Bewußtseinsebenen verbringen, würde ihnen das Hinübergehen auch nichts ausmachen.

Die Ursache für dieses Verhalten ist ein starkes Bedürfnis nach Lebensfreude, welches sie nur in der Welt ihrer überaus reichen Phantasie stillen können. Clematis-Schüler sitzen in der Klasse und träumen mit offenen Augen. Ein entfernter Märchenblick verrät sie. Sie scheinen froh zu sein, daß sie von niemandem gestört werden; sind daher sehr ruhige Schüler, die sich kaum am Unterrichtsgespräch beteiligen. Werden sie vom Lehrer aufgerufen, reagieren sie oftmals gar nicht und müssen vom Nachbarn angestupst werden. Fragt der Lehrer nach, wo sie gerade stehen geblieben sind, kommen von Clematis-Schülern oft Antworten, die zum Gespräch, das vielleicht schon eine halbe Stunde zurückliegt, passen. Oftmals haben sie auch den Faden völlig verloren. Dieses Verhalten führt sehr oft zu Gelächter in der Klasse, und Bezeichnungen wie "Schlafmütze", "Trantüte" oder "Träumer" begleiten die Kinder ständig.

Es kann sogar passieren, daß sie sich so intensiv in ihren Luftschlössern aufhalten, daß sie sogar das Klingelzeichen am Ende der Schulstunde überhören.

Auch zu Hause bemerken die Eltern, daß Gespräche häufig ins Leere laufen. Die Kinder gebrauchen Redewendungen wie "Tatsächlich?" oder "Was du nicht sagst!", nur um etwas zu sagen, ohne den Inhalt des Gespräches aufzunehmen. Sie wünschen sich nur, daß man sie in Ruhe läßt. Gerne ziehen sie sich in ihr Zimmer zurück, schauen aus dem Fenster, aber ohne die Geschehnisse da draußen wahrzunehmen. Schon eher lassen sie sich mit den Wolken treiben.

Wenn sie schlechte Noten schreiben, stört sie das wenig. Sie unternehmen auch keinerlei Anstrengungen, das zu ändern. Sie machen einen völlig zufriedenen Eindruck.

3. Mögliche äußere Hinweise

- Seh- und Hörstörungen
  Durch Seh- und Hörstörungen kann der Mensch signalisieren, daß er sich in der Außenwelt nicht wohlfühlt, daß er nicht sehen oder hören will, was im äußeren Leben passiert. Clematis-Menschen bleiben lieber in ihrer Traumwelt.
- Märchenblick
- wirkt verschlafen
- vitalitätsarm
- manchmal blaß
- kalte Hände und Füße
- schwebender Gang
- stößt sich leicht oder stolpert, da geistesabwesend
- Ohnmachtsneigung
- vergeßlich

4. Wirkung der Bachblüten

Diese Schüler können durch die Einnahme von Clematis, der weißen Waldrebe, zu ganz besonderen Menschen heranreifen. Die Therapie ermöglicht eine Harmonisierung zwischen

Traum und Realität. Diese Kinder erleben es als äußerst beglükkend, ihre reiche innere Bilderwelt in einer sinnvollen Form nach außen zu bringen.

Die Fähigkeit, am Geschehen der Umwelt aufmerksam teilzunehmen, um mit diesen Erfahrungen wieder ihre visionäre Begabung zu speisen, führt zu großer Inspiration, Vision und Kreativität, die in manchen Fällen sogar bis zur Hellsichtigkeit führen kann. Für eine Tätigkeit als Heiler ist diese Fähigkeit unerläßlich. Speziell bei Kindern und Tieren kann ein Clematis-betonter Mensch eine überaus große Hilfe sein. Auch in der Forschung können sie Großes leisten, wenn sie bereits zukünftige Entwicklungen voraussehen.

Clematis wird den Kindern helfen, Möglichkeiten zu finden, wie sie ihre Träume in ihr irdisches Dasein einflechten können. So werden aus den "Souvenirs" der weiten Reisen in andere Welten vielleicht wundervolle Bilder, Bücher, Filme, Mode oder sonst wertvolle Dinge entstehen, mit denen die postiven Clematis-Typen ihre allzu realistisch eingestellten Mitmenschen Einblicke in das Unsichtbare, das hinter jedem Sichtbaren steht, gewähren können.

5. Liebe Eltern!

Beobachten Sie aufmerksam, in welche Richtung die Träume, Sehnsüchte und Ideen Ihres Kindes gehen. Wenn die Symbolik, in der sich das Kind auszudrücken versucht, nicht als Traumtänzerei abgetan wird, sondern als besondere Begabung angenommen werden kann, wird es möglich, Lebensbedingungen zu schaffen, in denen diese Kinder Großes leisten können.

Nehmen Sie die Äußerungen ihres Kindes ernst und versuchen Sie, sich auf seine Wellenlänge einzuschwingen. Erkennen Sie seine Begabungen, in welche Richtung sie auch immer gehen mögen, als etwas persönlich Wertvolles an, und unterstützen Sie Ihr Clematis-Kind bei der Umsetzung seiner Ideen und Vorstellungen in dieser Welt.

Clematis-Schüler sind keine harten und ausdauernden Kämpfer. Sie können sich nur in einer erfreulichen, weichen Gefühlswelt entfalten.

In künstlerischen Berufen der Sparten Mode, Film, Musik, Literatur, Wissenschaft und Philosophie werden Clematis-Menschen ihre ganz besondere Fähigkeit, im Sichtbaren das Unsichtbare zu sehen, am ehesten zum Ausdruck bringen können.

Heather — Schottisches Heidekraut

1. Verhalten

Heather hat ständig irgendwelche wahnsinnig tollen Geschichten auf Lager, die unbedingt aus ihr heraussprudeln müssen. Sie kann einfach nicht dem Unterrichtsgeschehen folgen, denn ihre eigenen Themen sind viel interessanter. Heute ist sie in Hochstimmung, und viele Mitschüler stehen um sie herum, um die neuesten Nachrichten mitzuhören: "Wißt ihr schon das Neueste? Unser Bio-Lehrer, der Bär, läßt sich scheiden!" "Woher willst du denn das wissen?", empört sich eines der Mädchen. "Ich habe es mit eigenen Ohren gehört, als ich vorhin am Lehrerzimmer vorbeiging. Er sagte wörtlich: 'Sie ist immer so verbittert, zieht sich geschmacklos an, kocht nicht mehr — da gibt es nur noch die Scheidung!' Daraufhin hat er geweint. Es war ganz schrecklich; am liebsten hätte ich ihn in den Arm genommen und getröstet!" Die Schüler und Schülerinnen sind skeptisch: "Ach Heather, erzählst du nicht wieder irgendwelche Märchen? Außerdem hörst du eh' nie richtig zu, wer weiß, was du da aufgeschnappt hast!" "Ihr werdet es gleich selber sehen, wie traurig der Bär heute daherkommt!" ... In diesem Moment biegt der Biologie-Lehrer um die Ecke — wie immer in bester Laune! "Was schaut ihr mich denn so komisch an?" Die Schülerschar schweigt verlegen. "Also, raus mit der Sprache, was ist los?" Nach einigem Zögern fassen sie den Mut zu fragen: "Wir haben gehört, daß sie sich scheiden lassen wollen ... das tut uns leid." "Ich? Ich bin ja gar nicht verheiratet! Alle Blicke richten sich auf Heather — die das aber gar nicht bemerkt, weil sie ihre Nachbarin gerade mit der Geschichte von der Spinne bequasselt: “Stell dir vor, gestern beim Zimmeraufräumen krabbelt plötzlich ein Riesenvieh von Vogelspinne hinter dem Schrank hervor! Diese Biester sind wahnsinnig giftig, da muß man höllisch aufpassen! Aber das hat mich weiter nicht beeindruckt — man muß halt schnell sein und gute Nerven haben. Die Vogelspinne hat jetzt bestimmt Kopfweh, so fest habe ich sie aus dem Fenster geschmissen. Weißt du eigentlich schon, daß ...”

“Heather, du alte Schwatzbase! Jetzt rede ich, und du hörst zu, haben wir uns verstanden?” Herr Bär muß laut und deutlich werden, um von Heather bemerkt zu werden. “Bestimmt hast du das mit der Scheidung erzählt!” “Ja, ich hab’s doch gehört!” “So, hast du also an der Türe gehorcht? Siehst du, das kann herrlich viel Verwirrung stiften. Leider hast du nämlich nicht mitbekommen, daß ich von einem Film erzählt habe!

Es dauert eine ganze Weile, bis sich die Klasse wieder beruhigt hat. Heather schweigt ein wenig betreten und bekommt somit sogar die Frage mit, mit der der Lehrer nun seinen Unterricht beginnt: “Wer von euch hatte schon einmal hohes Fieber?” Es melden sich viele, doch ganz besonders laut und auffällig setzt sich Heather in Szene. Sie schnalzt mit den Fingern, steht auf, setzt sich hin, steht auf — sie kann sich nicht beruhigen. Ich! Ich, Herr Bär! — Aber der Lehrer ruft zuerst Sabine auf: “Ich hatte schon öfter Fieber, aber letztes Jahr war es einmal besonders schlimm, es erreichte 40 Grad! Ich brauchte dauernd einen neuen Schlafanzug ...” Heather fällt Sabine lautstark ins Wort: “Ach, das ist ja gar nichts! Ich ... “Heather, wenn du nicht augenblicklich still bist, nehme ich dich überhaupt nicht mehr dran!”, donnert der Lehrer. Sie setzt sich zwar, aber das Stillsein und Zuhören ist ihr eine Qual! Ihr ruhigstes Ruhigsein äußert sich immer noch mit Fingerschnalzen. Endlich gibt der Lehrer “grünes Licht”: Nun gut, Heather, erzähle du deine Geschichte!

Wie aus dem Ei gepellt steht sie da in ihren neuen zartgrünen Markenjeans und Turnschuhen vom Feinsten. Auf beste Markenkleidung legt sie allergrößten Wert und auch der Haarschnitt entspricht immer dem neuesten Trend.

“Ja, das war so: Letzte Woche lag ich wegen einer Erkältung mit einundvierzig Grad Fieber im Bett. Ich hatte eine total rote Birne, ich glühte richtig und unaufhörlich lief mir das Wasser den Rücken hinunter. Ständig mußte mein Hemd gewechselt werden. Und dann die Schmerzen! Ich hatte unvorstellbare Schmerzen! Der Kopf, die Zähne, die Beine — alles tat weh! Wahnsinn! Ich kann euch sagen, jeder Atemzug hat schrecklich gestochen — es war die Hölle! Der Arzt stellte die schlimmste Lungenentzündung fest, die er je diagnostiziert hatte. Er war ziemlich ratlos und murmelte etwas von lebensgefährlich und so. Tag und Nacht pflegten mich meine Eltern. Sie ließen mich keine Minute allein und lasen mir jeden Wunsch von den Augen ab. Alle glaubten, ich würde sterben. Aber glücklicherweise kam gerade Onkel Safari von einem Afrika-Trip zurück. Er ist Großwildjäger und hatte einige Zaubermittel von Medizinmännern in seinem Gepäck. Diese haben wahre Wunder gewirkt. Innerhalb von zwei Stunden nachdem ich das abscheuliche Gebräu, das er zubereitete, getrunken hatte, war ich völlig gesund. Es tat mir nichts mehr weh, ich konnte springen und tanzen. Ohne ihn wäre ich hundertprozentig gestorben! Ja, ihr könntet mich jetzt am Friedhof besuchen, wenn nicht ...”

Herr Bär stoppt den Redefluß energisch und fordert das Mädchen zum hinsetzen auf, denn Heather könnte noch ewig weitererzählen. Sie braucht das Publikum zu ihrer Bestätigung. Heather setzt sich und muß sich nun mit ihrer Nachbarin begnügen. Sie flüstert ihr die weiteren Ausführungen mit Feuereifer zu, denn schweigend dazusitzen und anderen zuzuhören ist ihr völlig unmöglich.

2. Ursache und Wesenszüge

"So ein Angeber!" Das ist wohl die klassische Kurzbeschreibung eines Heather bedürftigen Schülers. Sie sind laut, stören den Unterricht durch Zwischenrufe, schwätzen, ärgern den Nachbarn — es ist ihnen völlig egal, wenn sie dauernd negativ auffallen, Hauptsache sie fallen auf!

Zuhören, egal ob dem Lehrer, den Eltern oder anderen Kindern, ist ihnen nicht möglich. Sie reden ununterbrochen selber und steigern sich so sehr in ihre Geschichten hinein, daß aus Mücken Elefanten werden, oder aus einer kleinen Spinne eine Vogelspinne, wie zuvor beschrieben.

Heather-Kinder sprechen vorwiegend von sich, was sie alles können, besitzen und tun. Publikum ist lebenswichtig. Sie müssen sich darstellen, egal ob vor Freunden oder fremden Menschen — Hauptsache, es hört jemand zu. Alles, was sie erleben, ist sensationell! Auf eine Diskussion oder einen echten Meinungsaustausch legten sie es nicht an, sie gehen solchen Situationen aus dem Weg. Ein Heather Schüler leidet mehr als alle anderen, erlebt Tolleres, Gefährlicheres als alle anderen und kann absolut nicht allein sein. Auch das Thema Markenkleidung bedeutet für ihn nicht nur Mode; es ist ein äußerst wichtiger Aspekt seiner Selbstdarstellung.

Die tiefen Gründe dieser Angeberei sind Minderwertigkeitskomplexe durch unbefriedigte seelische Bedürfnisse. Die tiefe Überzeugung, daß andere Menschen liebenswerter sind, als man selbst, ist das Problem der Heather Schüler. In ihren Augen sind die anderen stärker, schöner, klüger und begabter; weshalb sie versuchen, sich krampfhaft in den Mittelpunkt zu manövrieren. Sie haben das Gefühl, emotional zu verhungern und kämpfen um Liebe und Aufmerksamkeit.

Heather-Schüler konnten ihren Liebeshunger in der Kleinkinderzeit nicht stillen, sie sind nicht „satt" geworden. Alle Kinder sind auf die Zuwendung, Liebe und Aufmerksamkeit der Eltern oder Erziehungsberechtigten angewiesen. Heather-Kinder jedoch besonders stark. Wenn ihnen diese Grundbedürfnisse verweigert wurden, tragen sie große Defizite in sich und müssen versuchen, gefühlsmäßig für sich selbst zu sorgen.

Später werden sie durch ihr ständiges Reden erst einmal zum Ausdruck bringen, daß es sie überhaupt gibt. Sie haben Angst, daß ihre Bedürfnisse nie befriedigt werden, daß man sie weiterhin übersieht und dadurch übergeht. Mit ihren maßlosen Übertreibungen sichern sie sich die Zuhörerschaft und Aufmerksamkeit der anderen.

3. Mögliche äußere Hinweise

- Durch Krankheiten im Mittelpunkt stehen — die Kinder „erzwingen" sich die Aufmerksamkeit. Viele Kinder bekommen die gewünschte Aufmerksamkeit nur, wenn sie krank sind. Aus diesem Grund genießen sie das Kranksein.

4. Wirkung der Bachblüten

Heather, das Heidekraut, erweckt das Selbstbewußtsein. Der Schüler kann zu einer positiven Haltung sich selbst gegenüber kommen, womit die zwanghaften Übertreibungen in der Selbstdarstellung verschwinden.

Erst wenn wir in uns selbst Geborgenheit finden, in Form einer gesunden Selbstliebe, werden wir fähig, auch anderen Aufmerksamkeit und Liebe zu schenken. „Liebe deinen Nächsten wie dich selbst“ — das heißt, wir müssen zuerst die Eigenliebe in ihrer Reinheit erblühen lassen, um ohne Furcht mit anderen Menschen zusammensein zu können, um Liebe und Fülle zu empfinden. Ein positiver Heather Schüler braucht nicht mehr mit Angeberei um Anerkennung zu betteln. Er ist liebenswürdig im eigentlichen Sinne des Wortes, weil er sich selbst würdigt und liebt und damit auch Verständnis und Einfühlungsvermögen für seine Umwelt entwickelt. Er wird ein guter Zuhörer.

Neue Gedankenmuster entstehen:

“Ich genieße häufig das Alleinsein und fühle mich überhaupt nicht mehr einsam”.

“Es fällt mir jetzt leicht, micht in Gesellschaft ruhig zu verhalten und einfach zuzuhören”.

“Es berührt mich nicht, wenn andere im Mittelpunkt stehen”.

“Ich trage genau die Kleidung, die mir gefällt. Ob billig oder teuer, ob Markenkleidung oder nicht, ist mir egal”.

“Ich stehe über den materiellen Dingen”.

5. Liebe Eltern

Während der Ich-Bildung des Kleinkindes ist es wichtig, es in seinen Darstellungen zu fördern. Kommt es in dieser Zeit zu Versäumnissen, fallen die Kinder oftmals in den negativen Heather-Zustand. Nutzen Sie von nun an jede Chance, dem Kind verständnisvoll zuzuhören und ihm so viel Aufmerksamkeit wie möglich zu schenken. Nehmen Sie seine maßlosen Übertreibungen als Hilferufe nach Liebe sehr ernst und versuchen Sie, ihm durch ihre liebevolle Zuwendung zu vermitteln, daß dieses Verhalten nicht nötig ist, da es um seiner selbst willen geliebt wird und nicht wegen seiner phantastischen Stories oder seiner Markenkleidung!

Stärken Sie Ihr Kind in dem Bewußtsein, daß man Liebe nur dadurch erhält, daß man anderen Liebe gibt. Der beste Weg diese Kunst zu lehren ist, sie zu leben!

Liebe geben bedeutet, auf den anderen einzugehen, ihm zuzuhören, ihn ernst zu nehmen, ihn so zu akzeptieren, wie er ist. Wer sich selbst akzeptiert, kann auch bereitwillig auf andere eingehen. Mit der Einnahme von Heather wird dies den Kindern bald gelingen und sie werden erstaunt sein, wieviel Aufmerksamkeit von den Mitschülern wiederum zurückkommt — und zwar für sie selbst, und nicht nur für den Markenpulli oder die sensationellen Geschichten!

Honeysuckle — Geißblatt

1. Verhalten

Honeysuckle sitzt lustlos in der neuen Klasse. Er ist bereits seit drei Wochen hier, aber der Umzug in die große Stadt macht ihm noch immer zu schaffen. Er hat schlimmes Heimweh. Jeden Tag träumt er von seiner früheren Klasse in dem kleinen Städtchen und dem Leben auf dem Land. Sein bester Freund, Otto, war auf einem Bauernhof zu Hause. Wie gerne half er ihm bei der Arbeit auf dem Hof. Vor allem das Traktorfahren hatte es ihm angetan. Auch die stillen Stunden am Fischweiher, die er mit Otto beim Angeln verbrachte, vermißt er schmerzlich. Alles ist jetzt anders und er kann sich nicht zurechtfinden.

Frau Fortschritt, die Deutschlehrerin, betritt den Raum und bringt die korrigierten Aufsätze von letzter Woche mit. Das Thema lautete: "Erläutere die Vor- und Nachteile des Großstadtlebens". Sie geht durch die Reihen, teilt die Hefte aus und bleibt bei Honeysuckle stehen: "Es wäre ein guter Aufsatz! Ein wirklich guter, aber du hast nur über die Vorteile des Lebens auf dem Land geschrieben. Das war nicht unser Thema, Honeysuckle. Schau dir bitte die Überschrift nochmal genau an. Die Großstadt steht im Mittelpunkt der Betrachtung, nicht? Es ist so schade um deine tolle Arbeit. Deine Schilderungen sind so genau und ausführlich. Als ich ihn las, hatte ich das Gefühl dort zu sein und alles selbst zu erleben. Es war eine Freude, deinen Aufsatz zu lesen. Aber was soll ich machen? Ich würde dir am liebsten eine Eins mit Stern geben, aber du hast das Thema verfehlt, was mit Note sechs bewertet wird. Mir scheint, du lebst noch gar nicht hier! Du bist zwar körperlich hier bei uns, aber deine ganze Aufmerksamkeit gehört der Vergangenheit. In Gedanken sitzt du immer noch auf dem Traktor, kann das sein?" Honeysuckle lächelt ein wenig. Frau Fortschritt schlägt der Klasse vor, den Aufsatz von Honeysuckle vorzulesen. "Er ist hervorragend; bitte beachtet Sprache und Gestaltung! Es ist wirklich ein Jammer, daß das nicht unser Thema war!" Honeysuckle lauscht voll Freude und völlig wach der Lehrerin und seine Mitschüler spenden am Ende sogar Beifall. Doch von dem weiteren Verlauf des Unterrichts hört und sieht er nichts mehr, denn er verweilt gedanklich in seinem Dorf.

Er bemerkt auch kaum das Ende der Deutschstunde. Plötzlich wird er von Herrn Weltoffen aufgerufen und Honeysuckle überlegt verwirrt, woher jetzt plötzlich der Erdkundelehrer kommt. Der Lehrer wünscht ihm ein wenig spöttisch "einen guten Morgen", dann ruft er einen anderen Schüler auf, der dem "Träumer" nochmal wiederholen soll, was gerade eben besprochen wurde. Honeysuckle seufzt leise: "Bei unserem früheren Erdkundelehrer war alles anders — viel schöner! Ich denke so gerne an ihn ...!" Schon ist er wieder in den Erinnerungen versunken.

Auf dem Nachhauseweg spricht ihn ein Mädchen aus seiner Klasse an: "Ich glaube, ich kann dich verstehen. Ich würde auch lieber auf dem Land leben. Schon alleine deswegen, weil ich gerne eine Katze und ein Pferd hätte. Im Nu blüht der Junge auf und beginnt, seiner Mitschülerin von seiner Katze zu erzählen, die er früher einmal hatte: "Es war ein stattlicher rot-braun getigerter Kater namens Peter. Alle anderen Kater hatten großen Respekt vor ihm. Aber zu mir war er ganz lieb, verspielt und anhänglich und er schlief mit Vorliebe auf meiner Zudecke. Eines Tages beobachtete ich ihn, wie er nervös vor dem Kellerfensterschacht auf- und abmarschierte und zwischendurch versuchte, mit seinen Pfoten da unten etwas zu erwischen. Und was meinst du, was er entdeckt hatte? Ein junges Kätzchen! Ein noch recht kleines, das offenbar reingefallen war. Aber jetzt kommt das Seltsamste: Er hat dieses Baby angenommen, als wäre er die Mutter! Stell dir vor! Der große majestätische Peter spielte nun Kindergärtner! Sowas muß man erlebt haben. Das Junge spielte ausgelassen und oft sehr grob mit ihm, dann kuschelten sie sich wieder aneinander, und er ließ sich von ihm geduldig nach einer Milchquelle absuchen. Dabei saugte und leckte das Kätzchen solange an Peters Bauch herum, bis sein Fell ganz naß geworden war. Danach schliefen beide ein, und ich hörte nur noch wohliges Schnurren. Ich glaube, es war das Schönste, was ich je erlebt habe!"

Honeysuckle ist mit großer Begeisterung ins Erzählen geraten. Er bermerkt nicht einmal mehr, daß sie bereits bei ihm zu Hause angekommen sind. Erst als sich das Mädchen verabschiedet wird ihm klar, wo er ist. Er sperrt die Tür auf und bemerkt, daß Onkel Ehedem zu Besuch gekommen ist. Das freut den Jungen sehr, denn mit seinem Onkel verbindet ihn eine gemeinsame Leidenschaft: Antiquitäten. Vor allem die vielen Geschichten, die sich um die alten Dinge ranken, die Onkel Ehedem sammelt, faszinieren Honeysuckle. Er könnte den Erzählungen stundenlang zuhören. "Hoffentlich hast du nicht zu viele Hausaufgaben auf, ich will nämlich mit dir in das Stadtmuseum gehen!", meint der Onkel. "Sowas gibt es hier?" "Oh, das ist nur eines von vielen, die wir zusammen erforschen können! So eine große Stadt hat allerhand zu bieten!" Honeysuckle denkt wehmütig an das kleine Bauernhofmuseum, in das der Onkel und er früher immer so gerne gegangen sind: "So schön wie unser Heimatmuseum zu Hause ist bestimmt keines hier! Und wie wir beide damals bei dem mächtigen Sturm hingegangen sind, das werde ich nie vergessen! Wir konnten die schwere Eichentüre beinahe nicht mehr schließen, weil der Wind mit aller Kraft dagegendrückte!" "Was du noch alles weißt!" lachte Onkel Ehedem. "Das ist ja nun schon eine ganze Weile her. Da warst du noch ein kleiner Knirps!"

2. Ursache und Wesenszüge

Dem Lehrer fällt auf, daß der Schüler so müde und unaufmerksam ist und kaum am Unterricht teilnimmt. Fragt er ihn jedoch nach einem schönen Erlebnis aus der Vergangenheit, so wird Honeysuckle wach. Begeistert erzählt er eine wunderschöne Geschichte und lebt dabei zusehend auf. Jetzt ist er in der Vergangenheit, nach der er sich Tag und Nacht sehnt. Er hat keine Vorstellungen von morgen. Er lebt in der schönen Welt von gestern oder noch viel früher, das Morgen interessiert ihn nicht.

Dieses Charakterbild ähnelt sehr dem der Clematis-Schüler. Sie verweilen auch in einer anderen Welt und sind aus diesem Grund unkonzentriert. Der Unterschied liegt jedoch darin, daß Honeysuckle-Schüler in der Vergangenheit verhaftet sind. Sie träumen nicht von einem schöneren Leben in der Zukunft, wie Clematis, sondern trauern etwas Vergangenem nach, wobei sie weder die Möglichkeiten der Gegenwart noch der Zukunft erkennen.

Schulanfänger verkraften es oft nicht, so lange von zu Hause weg zu sein, sie sehnen sich womöglich nach ihrer Mutter, ihrem Zimmer oder ihrem Tier und wollen nichts wie heim.

Auch solche Schüler, die ein Umzug, ein Schul-, oder Klassenwechsel aus dem Gleichgewicht gebracht hat und mit der Veränderung nicht zurecht kommen, befinden sich im negativen Honeysuckle-Zustand. Der Verlust der vertrauten Umgebung und der alten Gewohnheiten veranlaßt sie zu ständigem Träumen: von dem besonders geliebten Lehrer, von den schönen Büchern, den netten Klassenkammeraden und den früheren Erlebnissen, von denen sie bis in die kleinsten Details immer wieder ausführlichst erzählen können. Ein schönes Erlebnis haftet so stark in ihrem Bewußtsein, daß sie zu Künstlern im Schildern dieser Ereignisse werden. Dazu ein Beispiel: Ein Nebelschleier über einem See, dessen Schönheint langsam einfallende Sonnenstrahlen unterstreichen — von diesem Bild läßt sich ein Honeysuckletyp völlig durchdringen, und es wird immer und immer wieder vor seinem geistigen Auge aufsteigen. Er hat das Gefühl, daß er nie wieder so etwas Schönes erleben wird und versucht, es auch aus diesem Grund festzuhalten.

Manchmal sind es Schüler, die in der gleichen Klasse früher gute Leistungen brachten und plötzlich drastisch nachlassen und apathisch wirken. Oft stecken Veränderungen der Lebensumstände dahinter (z.B. Scheidung der Eltern, Tod eines Familienangehörigen), die ihr glückliches und geborgenes Leben durcheinanderbringen, und aufgrund derer sie sich in ihre schöne Vergangenheit zurücksehnen.

Sogar ein wunderbares Erlebnis im Urlaub kann dazu führen, daß die Aufmerksamkeit des Schülers nur noch um dieses Geschehnis kreist. Immer wieder sieht es im Geiste die herrlichen Szenen. Das Honeysuckle-Kind findet sich mit veränderten Situationen nicht ab, sondern lebt die meiste Zeit in der Vergangenheit.

3. Mögliche äußere Hinweise

- wehmütiger Gesichtsausdruck
- weint oft

- geistesabwesend
- verträumt
- vitalitätsarm
- Anpassungsschwierigkeiten
- Heimweh

4. Wirkung der Bachblüten

Honeysuckle, das rote Geißblatt (es wird auch als "Je länger, je lieber" bezeichnet, was schon eindeutig auf die Problematik hindeutet) wird den Kindern helfen, aus dieser krankhaften Nostalgie in die Realität und Gegenwart zurückzukehren.

Honeysuckle, läßt alle Wehmut der Vergangenheit aus dem Bewußtsein verschwinden. Alle früheren Einflüsse, Wünsche und Sehnsüchte werden neutralisiert und bringen uns zurück in die Gegenwart. Im positiven Honeysuckle-Zustand kann man aus seiner Vergangenheit lernen, bleibt aber nicht in ihr verhaftet.

Die lebhaften Erinnerungen und Erfahrungen von "gestern" sind unser persönliches Wissen, das was wir gut kennen. Wie schön ist es jedoch, wenn wir durch die Bachblüte Honeysuckle die neuen Erfahrungen, die wir tagtäglich sammeln, wieder beachten und uns ihnen öffnen. Unsere Entwicklung schreitet fort, unsere Freude am Leben, am Augenblick, am "Hier und Jetzt", intensiviert sich.

Honeysuckle löst das träge Festsitzen im Gestern auf und öffnet die Augen für das neue Leben. Jeder neue Augenblick bringt uns neue Impulse, aus jedem Impuls entsteht etwas Neues, und morgen denken wir schon wieder an das Gestern zurück. Honeysuckle läßt uns im Lebensfluß mitschwingen; wir treiben in den Gesetzen von Ebbe und Flut, dem ewigen Kommen und Gehen.

Aus dem Heimweh wächst vielleicht die Erkenntnis, daß es für uns viele interessante Orte gibt, an denen es sich gut leben läßt. Aus dem Bewußtsein, daß wir gestern etwas Schönes erlebt haben, entsteht die Bereitschaft, voll Zuversicht in das Morgen zu gehen, um wieder etwas Wundervolles zu erleben.

Die Schüler werden nicht traurig in die Vergangenheit zurückblicken, sondern erkennen, daß sie die großartige Fähigkeiten besitzen, sich an alle Einzelheiten früheren Geschehens zu erinnern und wiederzugeben. In vielen Berufen ist dieses Talent von großer Wichtigkeit (zum Beispiel Schriftsteller, Historiker, Bühnenbildner, Schauspieler, Detektiv).

5. Liebe Eltern!

Das Schimpfen oder die Aufforderung: "Jetzt reiß dich doch zusammen!", verletzt ein Honeysuckle-Kind sehr stark. In diesem Zustand brauchen die Kinder einfühlsame Eltern, die sehr wohl die schönen früheren Zeiten würdigen, aber auch liebevoll und geduldig auf die angenehmen und interessanten Seiten der Gegenwart aufmerksam machen. Bauen Sie zusammen Brücken aus der Vergangenheit in die Gegenwart, um die Realität als lebens- und liebenswert zu erleben. Sie werden bestimmt erstaunt sein, wieviel Sie selbst von dieser Aufgabe profitieren! Helfen Sie Ihrem Kind zu erkennen, daß sich unser Bewußtsein durch immer neue Erlebnisse ständig verändert und wir nur so zu einem immensen Wissen kommen. Lenken Sie seine Aufmerksamkeit in liebevoller Weise auf neue Situationen, die auch wieder Glücksgefühle hervorrufen werden.

In unglücklichen, zerstrittenen Elternhäusern, oder bei Scheidungen, kann auch oft ein Haustier dem Kind helfen, die Situation durchzustehen.

Schüler mit dieser Veranlagung sollten Berufe erlernen, die mit Vergangenem zu tun haben, wie zum Beispiel Historiker, Archeologen, Schauspieler, Schriftsteller, Bühnenbildner etc. So können sie ihr hervorragendes Gedächtnis und ihre Empfindungen aus der Vergangenehit äußerst lebhaft in die Gegenwart umsetzen.

Mo. Di. Mi. Do. Fr. Sa. So.

Hornbeam — Hainbuche

1. Verhalten

Um sechs Uhr morgens, wenn der Wecker läutet und Hornbeam ihn mit einem kurzen Schlag auf den Knopf zum Schweigen bringt, denkt er sich meist das gleiche: “Ich mag nicht aufstehen, ‘bin noch viel zu müde!” Er zieht sich das Kissen über den Kopf und will mit dem bevorstehenden Tag nichts zu schaffen haben. Er hat das Gefühl, ein unüberwindlicher Berg von Schulstunden und Terminen stünde vor ihm: “Jeden Tag das Gleiche! Ich kann nicht mehr, ich bin müde!” Nach einer Weile quält er sich dann doch aus dem Bett und beginnt seine allmorgendlichen Routinearbeiten.

In der Schule läßt er sich schlapp auf die Bank fallen und sein Kopf ist leer. Susanne klopft ihm von hinten auf die Schulter: “Du, Hornbeam!” Keine Reaktion. Sie versucht es nochmal: “He, Hornbeam!” “Hau ab, laß mich in Ruhe!” brummt er unwillig. “Der Herr Morgenmuffel muffelt noch. Fröhliches Weitermuffeln!” Susanne versucht ihn aus der Reserve zu locken, hat damit aber keinen Erfolg. Der Junge spielt nicht mit.

Frau Denkerstirn kommt in die Klasse und ruft als erstes Hornbeam auf: “Wir haben uns in der letzten Stunde mit Friedrich Schiller beschäftigt, bitte erzähle mir etwas über ihn!” Der Schüler reagiert nicht. Im Geiste wiederholt er die Frage, aber er ist blockiert; er kann sich nicht dazu äußern. “Ich glaube, du bist noch nicht ganz wach! Dann frage ich ´mal Willi ... ”

In der nächsten Stunde ist Erdkunde angesagt. Frau Denkerstirn fragt nach den Namen der bayerischen Seen. Jetzt meldet sich Hornbeam sofort: “Es gibt den Chiemsee, den Tegernsee, den Ammersee ...” Die Lehrerin lobt ihn und lacht: “Aha, jetzt bist du endlich wach und wieder ganz der Alte! Sehr schön!

In der Pause hat er das dringende Bedürfnis, etwas Aufputschendes zu sich zu nehmen, denn er bemerkt oftmals eine gewisse Müdigkeit. Nicht, daß er körperlich schlapp wäre, nein, es ist mehr eine Müdigkeit im Kopf. Aber dafür gibt es ja schließlich Cola, Traubenzucker und Schokoriegel. Nach dem Genuß solcher Dinge geht es Hornbeam wieder richtig gut.

Seine Energie hält aber nicht lange an und bereits in der nächsten Stunde fühlt er sich bald wieder müde und seltsam schlapp. Krampfhaft versucht er seine Aufmerksamkeit auf den Unterricht zu lenken. Langsam verspürt er jetzt einen Druck auf den Augen. Am besten wäre es, sie einfach zu schließen — aber das geht wohl zu weit. Der Junge ärgert sich über seine Kraftlosigkeit.

Hornbeam schleppt sich mühsam und unkonzentriert durch den Vormittag. Nach dem Schlußgong tappt er langsam nach Hause. Seine Energie ist restlos erschöpft.

An der Haustüre empfängt ihn seine Mutter: “Kind, wo bleibst du denn? Du mußt ganz schnell essen, sonst kommst du zu spät in die Klavierstunde. Hast du auch genügend geübt? Es sind jetzt nur noch zwei Wochen bis zum Konzert.” “Das schaffe ich nie, so wie ich mich fühle!” seufzt er. Die Cola zum Essen sorgt wieder für ein wenig Aufschwung und er fühlt sich gleich ein wenig besser, aber es kündigen sich deutlich Kopfschmerzen an. Die Mutter plaudert munter weiter: “Übringens habe ich heute von Frau

Weißgenau gehört, daß der neue Schwimmtrainer ein sehr guter Mann sein soll. Er hat viel Erfahrung und sie meint, daß die Fleißigen unter euch in einem halben Jahr bei den Schulmeisterschaften erfolgreich teilnehmen werden. Das sind gute Aussichten, nicht? Mit deiner Begabung und einem so guten Trainer wirst du ganz sicher sehr erfolgreich werden! Was meinst du?" "Klingt gut! Aber jetzt muß ich los. Es ist die letzte Klavierstunde vor dem Konzert, sozusagen die Generalprobe!"

Als Hornbeam nach dem Musikunterricht nach Hause kommt und er sich eben an die Hausaufgaben machen will, erscheint die Mutter in der Tür: "Beinahe hätte ich den Termin um 17 Uhr in der Schule vergessen! Du hast bei dem Zeichenwettbewerb eines der besten Bilder gemalt und der Lehrer möchte mit uns über einen möglichen Förderunterricht in Kunsterziehung sprechen." Hornbeam strahlt: "Ach ja, stimmt! Förderung — das wäre schön. Aber jetzt muß ich mich beeilen, daß ich wenigstens den Hausaufsatz noch vorher schaffe. Für die Geschichtsprobe lerne ich dann nach dem Termin." "Tja", meint die Mutter, "ich überlege gerade, an welchem Tag du noch den Zeichenkurs einflechten könntest. Vielleicht könnte man den Tennisunterricht verlegen, dann wäre noch etwas zu machen . . .Ich bin ja so stolz auf dich, mein Kind!"

Abends im Bett kann der Junge nicht einschlafen. Das reichhaltige Tagesgeschehen beschäftigt ihn, und die Aussichten auf weitere interessante Lerngebiete lassen ihn nicht zur Ruhe kommen. Dabei fühlt er sich erschöpft, so, als wolle in Wahrheit gar nichts mehr in seinen Kopf hinein. Er wälzt sich von einer Seite zur anderen und schaut immer wieder auf die Uhr: 23.00 — 23.20, 23.40, 24.00 — "Das wird wieder eine kurze Nacht!" — 0.15, 0.30 — endlich ist er eingeschlafen.

2. Ursache und Wesenszüge

Diese Schüler sehen ein wenig müde aus, streichen sich oft über die Stirn — scheinbar machen sich Kopfschmerzen breit. Aber sie sind eisern bei der Sache, haben immer noch bei jeder Frage den Finger oben und sogar in der Pause wird jede freie Minute ausgenutzt, um sich auf die nächste Stunde vorzubereiten. Die Müdigkeit wird stärker, die Konzentration läßt nach und es schleichen sich Fehler ein. Mittags kommen sie müde und zerschlagen nach Hause. Aber hier wartet statt Erholung schon der nächste Unterricht, die nächsten Lernaufgaben. Hornbeam-Kinder übertreiben geistige Arbeit.

Einseitiges geistiges Interresse führt in einen Erschöpfungszustand. Dieser wird durch dauernde Belastung der Mentalebene hervorgerufen, weil die Schüler mehr aufnehmen, als sie verkraften können. Dabei fehlt der Ausgleich auf den anderen Ebenen. Manche lieben das Lernen, gehen auch am Nachmittag gerne zum Unterricht und freuen sich, wenn sie damit bei Eltern und Lehrern gut ankommen. Es gibt aber auch die anderen, die bereits durch das Schulpensum überfordert sind. Wenn sie abends im Bett liegen, beschäftigen sie sich mit Fragen, die möglicherweise morgen gestellt werden könnten oder es laufen verschiedene Gedankengänge in ihnen ab, weil sie tagsüber so viel erfahren und gelernt haben.

Viele Schüler nehmen meist mehr auf, als sie tatsächlich verkraften können. Die Tage sind überfüllt mit allem möglichen Unterricht. Dazu kommen noch Fernsehen und Computer, die einem Horbeam-Typus wiederum keine Entspannung bringen, denn gerade bei den Computerspielen ist geistige Hochleistung erforderlich.

Auch die ständige Routine des Wochenplans, die keinerlei freie Zeit für Spiel und Entspannung beinhaltet, ist für den Hornbeam-Schüler ein riesiger Ballast. Das Gleichgewicht zwischen Anspannung und Entspannung ist völlig gestört.

3. mögliche äußere Hinweise

- Müdigkeit,
- Erschöpfungszustände,
- Kopfschmerzen,
- Augendruck
- Magenschmerzen
- Herzbeschwerden
- Sehstörungen
- Schwerhörigkeit

4. Wirkung der Bachblüten

Hornbeam, die Hainbuche, sorgt für Entspannung mentaler Erschöpfung. Durch das "geistige Lockerwerden" kann man wieder lebhafter wahrnehmen, man ist leichter bereit, zwischen Aktivität und Passivität zu wechseln. Lebensfreude und Arbeitsfreude ergänzen sich harmonisch.

Ein positiver Hornbeam-Schüler ruht in der Gewißheit, daß er genau das schaffen kann, was für ihn gut und wichtig ist und aus seinem tiefsten Inneren kommt. So kann er es ohne Überforderung zu Höchstleistungen bringen oder sein für ihn richtiges Pensum problemlos erledigen ohne sich in totale Erschöpfungszustände hineinzumanövrieren. Er wird sich morgens frisch und ausgeschlafen fühlen, sich auf den Unterricht freuen und Augen-, Kopf- und Magenschmerzen hinter sich lassen.

"Ich bin unternehmungslustig und das Denken fällt mir so leicht" — aus dieser neuen Grundeinstellung heraus kann der Horbeam-Schüler seinen inneren Rhythmus wahrnehmen und aus der zwanghaften Selbstüberforderung ausbrechen. Der Ausgleich zwischen dem Mißverhältnis des mentalen und körperlichen Bereichs ist jetzt möglich. Die Energie wird in harmonischer Weise gleichmäßig verteilt und ermöglicht dem Schüler ein Ausbrechen aus der Routine, indem er sich selbst Entspannung erlaubt. Die Freude am Lernen kehrt zurück. Seine innere Stimme vermittelt ihm die wohltuende Gewißheit, daß er nun seine mentalen Kräfte richtig einteilen kann: Ich nehme nur noch soviel auf, wie ich verkraften kann.

5. Mithilfe der Eltern

Sie sollten **nicht** zu den ehrgeizigen Eltern gehören, die ihr Hornbeam-Kind auch noch nachmittags in den Musikunterricht, Ballettunterricht, Tennisunterricht etc. chauffieren! Die hohe Lernbereitschaft mancher Kinder verleitet sehr dazu, alle möglichen Interessengebiete auszubilden. Und selbstverständlich ist der körperliche Ausgleich ausnehmend wichtig. Aber es gilt zu bedenken, daß ein wirklicher Ausgleich nur in der spielerischen und freien Form der Betätigung stattfindet. Weiterer Unterricht und ernsthaftes Training für irgendwelche Qualifikationen sind für den Hornbeam-Schüler keine Entspannung!

Die Schule verlangt den Kindern sehr viel ab. Sie benötigen deshalb in der Freizeit soviel Entspannung wie möglich. Der Geist muß sich lockern und das ist mit ausgiebigem Nachmittagsunterricht unmöglich. Wichtig ist das spielerische Element, die Freude an körperlicher Betätigung ohne Kampf, ohne Leistungsdenken. Spaziergänge, Rennen, Laufen in der freien Natur, Fahrradausflüge (ohne Kilometerzähler), Spiele **ohne Wettkampf**! Der Körper sollte mit Freude beansprucht werden, in einer Art und Weise, daß der Denkapparat sich ausruhen kann und Entspannung findet. Das kindliche "Austoben" ist genau das Richtige. Helfen Sie Ihrem Kind, indem Sie es immer wieder einmal aus dem Routine-Geschehen ausbrechen lassen.

Täuschen Sie sich nicht in den Leistungen ihres Schülers. Er kann es zwar, wegen seines Ehrgeizes oder wegen der Strenge Ihrerseits. Vielleicht will er auch damit gefallen, aber es kann ihn weit abbringen von seiner wirklichen Lebensaufgabe. Ganz besonders wichtig ist es, die wirklichen Talente des Schülers herauszufinden. Hier kann er mit Leichtigkeit zu sehr guten Leistungen kommen, einfach nur, weil es ihm Spaß macht.

Die Ferien sind eine wunderbare Zeit, dem Kind die Möglichkeit zu geben, sich den Tag selbst zu gestalten. Es wäre wichtig, auch einmal völlig von Tagesplanungen abzusehen und sich treiben zu lassen. Es ist interessant und bereichernd, seine ureigensten Bedürfnisse zu entdecken. Vielleicht will ihr Kind einfach nur Fische im Meer beobachten, barfuß durch den Sand laufen und keinen Kurs im Wellenreiten mitmachen? Vielleicht sind das Wahrnehmen von Ebbe und Flut oder ein Sonnenauf- bzw. -untergang wichtiger für das Hornbeamkind, als eine Städtetour mit geschichtlicher Informationsflut? Probieren sie es aus!

Impatiens
— Drüsentragendes Springkraut

1. Verhalten

"Impatiens, wo rennst du denn schon wieder herum?" ermahnt Mathelehrer Gleichmaß seine unruhige Schülerin. "Komm gleich mal an die Tafel, da kannst du dich austoben!" Kaum begonnen, hat sie die Aufgabe auch schon wieder gelöst und will gleich die nächste anschreiben. "Laß dir Zeit und schau noch mal genau hin, was du geschrieben hast!" Das Mädchen findet es äußerst mühsam, noch mal die ganze Aufgabe durchzusehen und wird sofort ungeduldig. "Da stimmt doch alles! Ich kann kein anderes Ergebnis als 59 finden!" "Du hast aber etwas anderes hingeschrieben", meint Herr Gleichmaß gelassen. "Wenn du nur ein ganz klein wenig langsamer und konzentrierter arbeiten würdest, wäre das Problem mit den Leichtsinnsfehlern auch gelöst, meinst du nicht?" Impatiens murmelt irgend etwas von "... kann ja mal passieren ..." und wischt die Zahl 95 an der Tafel weg, um die richtige 59 hinzuschreiben. Inzwischen ist es in der Klasse unruhig geworden. Der Lehrer fragt nach, ob jeder die Aufgabe verstanden hat, oder ob Impatiens ein wenig zu schnell war. Zustimmendes Gemurmel stellt sich ein, denn keiner will offen zugeben, daß er mit diesem Tempo nicht schritthalten konnte.

"Oh Gott", stöhnt Impatiens, während sie zu ihrem Platz zurückkehrt, "noch ´mal das Gleiche! Wie langweilig! Während Herr Gleichmaß die Rechnung noch einmal Schritt für Schritt erklärt, kann Impatiens seine Wut und Ungeduld nicht mehr bändigen.

Zunächst äußert sich ihr Ärger mit wildem Knacken der Fingergelenke, dann schwätzt sie mit ihrer Nachbarin: "Wie man nur so blöd sein kann! Die sollen doch in die Hilfsschule, wenn sie so doof sind!" Als das andere Mädchen nicht so recht auf sie eingeht, fängt Impatiens an, kleine Papierkügelchen auf ihre Mitschüler zu werfen.

Endlich kommt eine neue Aufgabe, die der Lehrer an die Tafel schreibt. Herr Gleichmaß möchte, daß die Kinder sich erst alleine mit der Rechnung beschäftigen, bevor sie die Lösung zusammen durchgehen. Impatiens freut sich, daß es endlich wieder eine Beschäftigung gibt und sie gefordert wird. Sie rechnet wie wild drauf los und hat in Windeseile die Lösung. Alle anderen sind noch in ihre Aufgaben vertieft. Impatiens stöhnt: "Warum in aller Welt brauchen die so lange für diese lächerliche Aufgabe? Das ist einfach zum Verrücktwerden!" Wieder sitzt Impatiens wie auf glühenden Kohlen und treibt ihre Nachbarin zur Eile an: "Was rechnest du da so lange herum? Das ist doch kinderleicht! 69 minus 23 — ist 46, ganz klar! Nun schreib es schon endlich hin! ... Was überlegst du denn jetzt wieder? Die Hälfte von 46? Na, 23 natürlich! ... Warum schreibst du es denn nicht hin?" Sie wird jetzt ungehalten und laut: "Du machst mich ganz wahnsinnig mit deiner ewigen Überlegerei!" Herr Gleichmaß rügt sie und droht mit Sonderaufgaben, wenn sie weiterhin die anderen so ungehörig bei der Arbeit stört. Aber damit kann er das Mädchen auch nicht zur Ruhe bringen. Sie versucht zwar, nicht mehr reinzurufen, aber dafür kippelt sie jetzt mit dem Stuhl, wirft Lineal und Federmäppchen runter und knüllt wieder Papierkügelchen. Endlich klingelt es und Impatiens ist erleichtert, daß der Unterricht endlich vorbei ist.

In der Deutschstunde schreibt Frau Langmut das Aufsatzthema an die Tafel: "Eisenbahnen und ihr Nutzen in der heutigen Zeit".

Die Lehrerin bespricht noch in kurzen Zügen, auf was die Schüler bei dieser Arbeit achten sollen. Impatiens hört sich die Ausführungen von Frau Langmut an und braucht weiter nicht lange nachzudenken, denn das Wort "Eisenbahn" ruft in ihr die Erinnerung an die beeindruckende Fahrt mit dem ICE wach, die sie erst vor ein paar Wochen erlebt hatte. Sofort legt sie los und ist mit Ihrem Aufsatz bereits in der Hälfte der Zeit fertig. "Bist du dir wirklich ganz sicher, daß du schon fertig bist? Willst du nicht noch mal in aller Ruhe die Arbeit durchsehen?" Die Lehrerin versucht, dem Mädchen zu zeigen, wie es die übrige Zeit vielleicht noch sinnvoll nützen könnte. Impatiens will aber weder ihren Aufsatz noch mal lesen, noch weiter über die Arbeit nachdenken. Am liebsten würde sie jetzt sofort in die Pause rausgehen, aber das darf sie natürlich nicht. Da fällt ihr ein, daß sie jetzt augenblicklich, ganz dringend auf die Toilette muß! ... Anschließend fragt sie Frau Langmut, ob sie vielleicht schon mit den Hausaufgaben beginnen kann, bis die Stunde zu Ende ist.

In der Pause erzählen die anderen, was sie alles über den Nutzen der Eisenbahnen geschrieben hatten. Impatiens wird jetzt ein wenig mulmig zumute. An all die vielen Dinge hatte sie überhaupt nicht gedacht; sie hatte lediglich über den ICE und dessen hohe Geschwindigkeit geschrieben! Jetzt dämmert ihr, daß dies wohl nicht ganz dem Thema gerecht wurde. " O jeh, ich habe ganz bestimmt zu wenig geschrieben. Aber ich kann einfach nicht so lange über irgend etwas nachdenken, da werde ich ganz hibbelig!"

"Du kommst heute aber früh nach Hause! Gut, daß ich das Essen schon fertig habe!", ruft Mutter, als ihre Tochter die Wohnung betritt. Impatiens rennt in ihr Zimmer, wirft wütend ihre Schultasche in die Ecke und fängt dann an, ihrem Ärger gehörig Luft zu machen: "In der Schule brauchten heute wieder mal alle eine

Ewigkeit, bis sie endlich etwas auf's Papier bringen! Du kannst dir gar nicht vorstellen, wie langweilig der Unterricht ist, bloß weil die anderen grundsätzlich auf der Leitung sitzen. Und auf dem Schulweg stehen sie dann auch noch herum oder zockeln dahin wie die Schnecken! Es ist zum wahnsinnig werden! Das hat mich so genervt, daß ich alleine heimgelaufen bin. Ich habe mir ein Computerspiel ausgeliehen, das muß ich gleich mal durchchecken. Die Mutter findet das so nicht in Ordnung: "Komm jetzt bitte gleich, das Essen wird sonst kalt! Der Computer wartet schon auf dich, keine Angst!" *Warten* — das ist für Impatiens ein schreckliches Wort. So kommt sie abgehetzt an den Tisch und schlingt in Windeseile ihren Eintopf hinunter. Die Mutter versucht das Ganze zu bremsen: "Kannst du nicht ruhig am Tisch sitzen? Ich werde selber ganz nervös, wenn du so rumzappelst und esse schon genauso schnell wie du! Das ist schrecklich ungemütlich, wirklich!" Das Mädchen bemüht sich und erzählt zwischen den Bissen in Kurzform von der langweiligen Mathestunde und von dem ICE-Aufsatz. Kaum ist der Teller geleert, springt sie wieder auf und bleibt in ihrer Eile am Tischtuch hängen. Mit einem blitzschnellen Griff erwischt sie gerade noch das volle Limonadenglas, bevor es ein Unglück gibt. Impatiens strahlt: "Hast du das gesehen, wie reaktionsschnell ich bin? Genial, was?" "Ich weiß nicht, ob das bewundernswert ist. Deine Hektik macht mich nervös. Dauernd muß ich Angst haben, daß etwas passiert. Du mußt unbedingt ruhiger werden und überlegter handeln."

2. Ursache und Wesenszüge

Dies sind die Zappelphilippe unter den Schülern, die auf ihrem Stuhl hin und her rutschen, kippeln, mit den Fingergelenken knacken und anderen mit ihrer Unruhe auf die Nerven gehen. Der immense Drang des häufig intelligenten Impatiensschülers, vorwärts zu kommen, hindert ihn daran, genau zu lernen. Er gibt grundsätzlich seine Probearbeit als erster ab und freut sich, daß er sein Ziel so schnell erreicht hat. Seine innere Hektik treibt ihn ständig voran, die Ermahnungen der Eltern und Lehrer, langsamer und genauer zu arbeiten, um Leichtsinnsfehler zu vermeiden, fruchten nicht.

Das Impatiens-Kind ist ein schneller, hastiger ungeduldiger, nervöser und leicht reizbarer Geist, der sich möglichst unverzüglich durchsetzen will. Bei ihm muß alles schnell gehen. Hat es eine Idee, muß diese sofort in die Tat umgesetzt werden. Stellt sich ihm dabei jemand in den Weg oder trifft es auf langsamere Mitmenschen, wird es gereizt oder sogar aggressiv und es versucht trotz aller Hindernisse seinen Plan durchzusetzen. Oft ist es im Nachhinein mit dem Ergebnis seiner Unternehmungen nicht zufrieden, aber die Zeit, vorher darüber nachzudenken, kann sich dieser Menschentyp nicht nehmen. Wenn der Schüler seine langsamere Umgebung wahrnimmt, kommt er sich gebremst vor — wie ein junger Windhund, der tagtäglich von einer gebrechlichen Person an der Leine geführt würde. Impatiens-Schüler macht es rasend zu sehen, wie andere ihre Zeit vertrödeln und sie werden wütend, wenn nicht alles so flott geht, wie sie sich das vorstellen. Alleine zu arbeiten wäre ihnen am liebsten, denn es stört sie gewaltig, daß sie sich nach dem Tempo der Schule, des Lehrers oder der Mitschüler richten müssen. Im Laufe eines Arbeitsvorganges müssen sie dann manchmal feststellen, daß dieser doch viel mehr Zeit in Anspruch nimmt, als sie zuerst dachten. Durch ihre Geschwindigkeit haben sie sich jedoch verausgabt und sind erschöpft. Das Gefühl der Schwäche erzeugt jedoch wiederum Hektik, denn wenn sie etwas beginnen, wollen sie es auch beenden. Gelingt dem

Impatiens-Kind das nicht, ist es unausstehlich und reagiert auf alles und jeden gereizt. Das kann zu heftigen Zornausbrüchen führen, die aber schnell wieder abklingen.

Auch außerhalb der Schule sind diese Kinder in Eile: Sie können kaum still sitzen, stopfen ihr Essen eilig in sich hinein und müssen viel hinaus und sich bewegen. Die Bewegungen sind oftmals unruhig und fahrig; auch nervöses Kratzen oder Haare zupfen kann man beobachten. Dieser superaktive Mensch neigt zu Unfällen; wegen seiner schnellen Reaktionen besitzt er allerdings auch die Gabe, so manche unheilvolle Situation zu meistern.

Die geistige und körperliche Unruhe läßt die Kinder abends schlecht zur Ruhe kommen, wodurch das Einschlafen zum Problem werden kann.

3. Mögliche äußere Hinweise

- Spannungszustände,
- Verkrampfungen und
- Schmerzen aller Art
- hektische Gestik
- Neigung zu Unfällen
- Atemnot
- Ungeduld
- Gereiztheit
- nervöser Juckreiz
- Zittern
- Haare zupfen

- Fingerknacken
- Wippen auf dem Stuhl
- Zorn, der schnell kommt und geht
- treibt andere zur Eile an
- Schlafstörungen

4. Wirkung der Bachblüten

Impatiens, das Drüsentragende Springkraut, trägt dazu bei, daß die Schüler geduldiger und ruhiger werden. Schnelles Auffassen und Handeln können kultiviert werden und erzeugen keine Hektik und übersteigerte Aktionen mehr. Flottes, aber umsichtiges Arbeiten bringt Erfolg und man kann sogar noch die Geduld aufbringen, andere hilfreich zu unterstützen, ohne ihnen genervt die Aufgaben abzunehmen. Impatiens hilft, den eigenen Rhythmus durch Umsicht, Gründlichkeit und Besonnenheit zu entwikkeln.

Auch dieser Menschentyp kann das Warten lernen und braucht nicht mehr voll Ungeduld auf und ab zu laufen, oder von einem Fuß auf den anderen zu treten. Er wird sich zum Beispiel sogar in einem Wartezimmer in Ruhe hinsetzen und die Zeit mit schönen Gedanken oder mit dem Lesen einer Zeitschrift ausfüllen können, was ihm früher kaum möglich war. Er läßt andere, wenn es auch noch so lange dauern sollte, ausreden und treibt niemanden mehr zur Arbeit an.

Das alles heißt aber nicht, daß der Impatiens-Typ nun langsam und langweilig durch sein Leben geht. Selbstveständlich ist und bleibt er immer überdurchschnittlich schnell im Auffassen und

Handeln. Aber es ist ihm nun möglich, die Kräfte sinnvoll aufeinander abzustimmen und einen persönlich zufriedenstellenden Rhythmus zu finden. Durch diese Harmonisierung findet der Impatiens-Schüler zu innerer Gelassenheit, mit der er geduldig und überlegt seine Aufgaben bewältigt und verständnisvoll auf andere Menschen eingehen kann.

5. Mithilfe der Eltern

Zeitdruck oder Tätigkeiten, die besondere Geduld, Genauigkeit oder Detailarbeit erfordern, sind für Impatiens-Kinder äußerst ungünstig. "Eile mit Weile" muß ja erst langsam entwikkelt werden. Besonders die hektischen Computerspiele setzen den Schüler unter einen gnadenlosen Zeitdruck (Hochspannung — ähnlich wie bei Hornbeam-Schüler). Besser geeignet sind hier Sportarten wie z. B. Tennis oder Tischtennis, wo der Impatiens-Typ die ihm innewohnende Schnelligkeit über den ganzen Körper ausleben kann.

Lehren Sie Ihr Kind, vor jeder zu schnellen Äußerung oder Tat erst einmal tief Luft zu holen, was eine mentale Bremsfunktion beinhaltet.

Die behende Beweglichkeit und Schnelligkeit sind in ihrer harmonischen Ausdrucksweise jedoch eine große Stärke, die eingesetzt und gelebt werden will. Bitte bedenken Sie dies bei der Berufssuche Ihres Impatiens-Kindes. Es kann in keinem Beruf glücklich werden, in dem es stundenlang sitzen oder ständig kleine präzise Arbeiten ausführen muß.

Larch — Lärche

1. Verhalten

Larch wacht morgens mit Bauchschmerzen auf. Er konnte die ganze Nacht kaum schlafen. Der Gedanke an die Doppelstunde in Englisch, die er morgen überstehen mußte, lähmte ihn schier. Das Problem war Herr Überheblich, der Englischlehrer, der immer so gemein zu ihm war. Mit jämmerlicher Stimme ruft er kleinlaut seine Mutter: "Mir ist so übel und mein Bauch tut weh!" Die Mutter kommt an das Bett und meint: "Ach komm, so schlimm wird es schon nicht sein. Du schaust ganz gesund aus. Man kann nicht wegen jedem kleinen Wehwehchen zu Hause bleiben — oder willst du dich gar vor der Schule drücken?" Larch fühlt sich wirklich elend, dennoch zieht er sich an und geht tapfer zur Schule. Er ist recht traurig, und sein Bauch schmerzt immer mehr.

Etwas zusammengesunken sitzt er in der Schulbank. Er verhält sich ganz still, schaut weder nach rechts, noch nach links, traut sich kaum zu atmen und hofft inständig, daß der Lehrer ihn ganz einfach übersieht. Larch hört fast nicht, was Herr Freundlich spricht, so sehr ist er in seiner Angst vor dem Aufgerufenwerden gefangen. Jeden Moment könnte es soweit sein. Der Bauch schmerzt. Und plötzlich ist es soweit! Herr Freundlich ruft Larch auf: "Nun Larch, hast du deine Vokabeln ordentlich gelernt?" Augenblicklich errötet der Schüler. Alle Blicke richten sich auf ihn. Der Junge wünscht sich er wäre weit, weit weg von hier. Eigentlich hätte er keinen Grund, ängstlich zu sein, denn er hat seine Englischvokabeln ordentlich gelernt. Aber vor der ganzen Klasse sprechen zu müssen ist für ihn ein Horror. “Was heißt 'Mut' auf Englisch?” Larch kann sich nicht auf die Frage des Lehrers konzentrieren, ja, er hört nicht einmal die Frage richtig, denn sein Blut pulsiert wie wild. Wie erstarrt steht er da und bringt keinen Ton über die Lippen. Seine Hände werden feucht. “Aha”, meint der Lehrer, “vielleicht das Wort 'gelb'?” Schweigen. Eine Stimme aus dem Hintergrund flüstert “money”! Stotternd und kaum hörbar wiederholt Larch das Wort “money”. Alle lachen und Herr Freundlich ermahnt die Schüler, wenn sie ihm schon einsagen würden, dann doch wenigstens das richtige.

Am liebsten würde Larch weglaufen und niemals wiederkommen. Diese Demütigung und Blamage ist für ihn kaum zu ertragen. Er kann sich nun erst recht nicht mehr auf den Unterricht konzentrieren, weil er noch mehr Angst hat, wieder aufgerufen zu werden.

Die nächste Stunde hält Frau Fröhlich, die Klassenlehrerin. Sie stellt nach einer Weile fest, daß sie die Aufgabenblätter im Lehrerzimmer liegen hat lassen und wendet sich an Larch: “Sei doch so nett und hole mir die rote Mappe aus meinem Fach — ganz rechts unten. Das Zimmer ist nicht zugesperrt, Herr Schulz sitzt dort beim Korrigieren!” Es ist ihm so peinlich, daß er jetzt vor den Schülern durch das Klassenzimmer zur Türe gehen muß — alle Blicke sind wiederum auf ihn gerichtet. Auf dem Weg durch die langen Gänge stellt er sich ununterbrochen vor, wie er anklopfen und was er sagen wird. Schritt für Schritt wird ihm dabei banger: “Wenn doch nur Herr Schulz nicht in dem Zimmer wäre! Was soll ich bloß sagen? Und was wird der Lehrer wohl zu mir sagen? Bestimmt stellt er irgend eine Frage, die ich nicht beantworten kann! O je! Und wenn ich dann das Fach von Frau Fröhlich nicht finde ..." Larch ist nur noch ein paar Schritte vom Lehrerzimmer entfernt. Er weiß genau, daß er es nicht schaffen wird, anzuklopfen und hineinzugehen. Aber was soll er dann tun? Er kann ja nicht einfach verschwunden bleiben. Und zurück kann er eigentlich auch nicht, das wäre ja zu peinlich. Seine Bauchschmerzen quälen ihn, seine Hände sind feucht und klebrig und ihm ist so unendlich elend zumute, daß er sich am liebsten in ein Mauseloch verkriechen möchte. In diesem Moment geht die Türe zum Lehrerzimmer auf und Herr Schulz steht vor ihm. "Was machst du hier? Willst du ins Lehrerzimmer?" Larch bringt keinen Ton hervor, er nickt nur verschämt. "Du bist doch aus der Klasse von Frau Fröhlich? Hat sie dich geschickt?" Larch traut sich nicht, dem Lehrer ins Gesicht zu schauen. Er heftet seinen Blick fest auf den Boden und stammelt etwas von der roten Mappe. "Ich zeige dir, wo das Fach ist, komm mit!" Herr Schulz geht mit dem Jungen zum Regal und dort liegt auch tatsächlich die rote Mappe. Mit zitternden Fingern nimmt Larch sie in Empfang und läßt sie auch gleich wieder zu Boden fallen. Es ist zum aus der Haut fahren! "Immer stelle ich mich so saublöd an! Was wird sich der Lehrer denken?" Herr Schulz spürt, daß der Junge sehr nervös ist. Äußerst liebenswürdig versucht er ihn zu erheitern: "Denk dir nichts, ich habe heute Morgen meinen Kaffee über die Hose gekippt! Vielleicht liegt etwas in der Luft? Komm ich helfe dir." Larch hält nun die Mappe ganz fest in seinen schwitzenden Händen und den Tränen nahe macht er sich auf den Weg zurück ins Klassenzimmer. Er hat jetzt zwar die Mappe, aber die Vorstellung, daß er nun gleich die Türe öffnen muß und wiederum alle auf ihn schauen werden, läßt ihm den Schweiß auf die Stirn treten. Er ist fix und fertig und steht eine Weile einfach im Gang herum. Die schrille Pausenglocke erlöst Larch. Die Türe wird aufgerissen und alle stürmen heraus. Zuletzt kommt Frau Fröhlich: "Wo bleibst du denn so lange? Konntest du die Mappe nicht finden? Oder ist etwas passiert?" "Nein", sagt er zaghaft. Die Lehrerin schüttelt ungläubig den Kopf und geht.

In der nächsten Stunde fällt Frau Feingefühl, der Religionslehrerin, auf, daß Larch glasige Augen hat und krank aussieht. Sie fühlt, daß es ihm nicht gut geht. "Du siehst so erschöpft aus. Es scheint, du hast Fieber. Ist bei dir jemand daheim?" Larch nickt stumm. "Wenn du möchtest, kannst du nach Hause gehen." Dankbar nickt der Junge. Aber schon wieder sind alle Augen auf ihn gerichtet. "Wenn ich nur schon draußen wäre!" Zitternd und ungeschickt packt er seine Schultasche, während ihn alle Klassenkameraden beobachten. Es ist schrecklich! Er spürt wieder die Hitze in sein Gesicht aufsteigen und weiß, daß er für alle gut sichtbar knallrot ist. Er glaubt, gleich ohnmächtig zu werden. "Sollen wir dir helfen?" fragt die Lehrerin freundlich. Larch verneint und denkt sich: "Auch das noch! Laß mich doch endlich in Ruhe und mach' mit dem Unterricht weiter!" Nun versucht er, so unscheinbar wie möglich die Türe zu erreichen und hofft inständig, daß bis dahin nicht noch irgend etwas passieren würde.

Auf dem Heimweg ärgert er sich über seine blöden Ängste. Zu Hause muß er sich sofort ins Bett legen. Er glüht förmlich und hat bereits 40 Grad Fieber. Die Mutter holt schnell den Arzt, der eine Magen-Darm-Grippe feststellt. Larch ist über das Fieber und die Bauchschmerzen beinahe froh, denn jetzt muß er die nächste Zeit nicht zur Schule gehen. "Aber wie soll das weitergehen, ich kann ja nicht immer krank sein!", sinniert er vor sich hin. "Warum versteht mich denn keiner? Ich kann noch so gut lernen, immer denke ich, daß ich nichts weiß. Immer passiert mir etwas Peinliches. Es ist fürchterlich! Was kann ich nur dagegen tun? Wie machen das bloß die anderen? Die wissen so viel und sprechen ohne rot zu werden. Ich bewundere sie! Warum bin ich nur so dumm?" Still weint er in sein Kissen.

2. Ursache und Wesenszüge

Larch-Schüler haben Angst, sich zu blamieren, obwohl sie oft sogar zu den Klügeren gehören. Diese Angst bezieht sich besonders auf Lehrer oder sonstige Autoritätspersonen, aber auch auf solche Klassenkameraden, die sich gut präsentieren können oder zu den Wichtigtuern zählen. Sie bewundern alle, die gescheit und selbstsicher erscheinen und können sich nicht vorstellen, daß auch sie selbst in Ordnung sind.

Im Unterricht quält den Larch-Schüler die Angst, daß er aufgerufen werden und nicht die richtige Antwort parat haben könnte, so sehr, daß er sich gar nicht mehr auf das Thema konzentrieren kann. Diese Kinder sitzen ganz still in der Klasse, schwätzen nicht und machen auch sonst keine Dummheiten und in ihren Zeugnissen wird meist das gute Betragen gelobt. Die Ursache für dieses angenehme und "pflegeleichte" Benehmen ist aber leider das Bemühen, nur ja nicht aufzufallen, um nicht unnötig gefragt zu werden. Der Larch-Schüler hat keine Ahnung, wovon der Lehrer im Unterricht spricht, obwohl er ihn gespannt anschaut — so, als würde er ihm in allem beipflichten. In Wirklichkeit peinigt ihn nur ein Gedanke: "Hoffentlich ruft er mich nicht auf!"

Für diesen Schülertyp kann zum Beispiel die Aufgabe, ein Referat zu halten, ein so unüberwindbares Hindernis werden, daß er erkrankt und den Vortrag nicht halten kann. Die Möglichkeit ausgelacht zu werden ist für ihn eine ständig lauernde Gefahr. Sie halten sich für Menschen zweiter Klasse und bewundern ihre vermeintlich klügeren und gewandteren Mitschüler, wobei sie aber nicht neidisch sind. Sie glauben von sich selbst, daß sie sich ungeschickt anstellen oder versagen. Das fehlende Selbstbewußtsein verwehrt ihnen leider, ihre schlummernden Fähigkeiten zu entdecken und anzunehmen. Das kann so weit führen, daß es zu chronischen Krankheiten kommt. Das Verlassen der Schule und im schlimmsten Fall sogar der Selbstmord sind mögliche Reaktionen, um diesem Druck zu entfliehen.

Schon im Kleinkindalter macht sich die Unsicherheit bemerkbar. Ohne wenigstens einen Elternteil an der Seite trauen sich diese Kinder kaum etwas zu unternehmen. Auch später werden sie immer wieder versuchen jemand anderen vorzuschieben, wenn eine (für sie) heikle Situation entsteht.

Gerade bei einem Kind mit schwachem Selbstwertgefühl hinterlassen Bemerkungen wie: "Du kannst das ja doch nicht!", ... "Du bist noch viel zu klein!" .... "Das ist Sache der Erwachsenen!" ... "Sei ruhig, wenn Erwachsene sprechen!" tiefe Verletzungen. Die inneren Schranken werden auch noch von außen verstärkt; die Angst vor Erwachsenen und Respektspersonen wächst.

Die Erziehung zur Bescheidenheit kann in diesem labilen Kind großes Unheil anrichten. Bescheidenheit heißt, sich mit dem abzufinden, was man hat oder kann (hier wirkt sich die alte Erziehungsmethode für Mädchen besonders fatal aus: "Es macht nichts, wenn du nicht so gescheit bist, du heiratest ja sowieso!"). So werden die Kinder in ihrer Angst, daß sie viele Dinge nicht können — und auch nie lernen werden, bestärkt. Sie werden auch keinerlei Anstrengungen mehr unternehmen, ihre Vorstellungen zu verwirklichen oder Ideen in die Tat umzusetzen. Larch-Kinder bewundern den Erfolg anderer, weil die eigenen Minderwertigkeitsprobleme übermäßig stark sind. Sie fühlen sich von vornherein anderen unterlegen. Vor allem die Erwartungsängste machen den

Kindern schwer zu schaffen. Aus der Vermutung heraus, daß sie sich nicht durchsetzen können, daß der andere sie überrollt und sie keine Möglichkeit sehen, sich abzugrenzen, haben diese Menschen vor jeder neuen Situation, die auf sie zukommt, Angst. Diese steigert sich ins Unerträgliche in der Konfrontation mit Autoritäten. Die Panik, etwas Falsches zu sagen oder sich sonstwie zu blamieren führt zu Sprachstörungen (Stottern), feuchten Händen, Erröten und heftigem Herzklopfen.

3. Mögliche äußerliche Hinweise

- Es kommen viele Arten von Krankheitssymptomen vor:
- Fieber, Kopfschmerzen, Magenschmerzen und Erkältungen vor bestimmten Schulstunden, Prüfungen etc.
- Herzklopfen bis zum Hals,
- schneller Puls
- Erröten
- Stottern
- Nervosität
- Unruhe
- Zittern
- feuchte Hände

4. Wirkung der Bachblüten

Dr. Bach fand in der Lärche den Helfer für verunsicherte Menschen. Sie hilft den Schülern, ihr Selbstbewußtsein aufzubauen und die verborgenen Fähigkeiten zu erkennen. Der Glaube an die eigene Unzulänglichkeit wandelt sich im Laufe der Zeit in das selbstsichere "Probieren kann ich es auf jeden Fall". Die positive Larch-Energie hilft zu erkennen, daß nicht nur in Erfolgen, sondern ebenso in Fehlern ein wertvolles Potential zur Selbsterfahrung steckt.

Alte festsitzende Erinnerungen und eingetrichterte Ermahnungen der Umwelt (z. B. "Laß das, das kannst du nicht! ... Lerne erst mal etwas, bevor du den Mund aufmachst! ... Erst wenn Du Akademiker, Direktor oder sonst etwas Höhergestelltes bist, hast du etwas zu sagen!") verlieren durch die Einnahme von Larch an Gewalt. Die Schüler erkennen, daß jeder Mensch Erfolg und Mißerfolg erlebt, und sie trauen sich immer mehr an neue Erfahrungen heran.

Die positive Larch-Ernergie rückt im Laufe der Einnahme die versteckten Wünsche und Fähigkeiten in das Bewußtsein. Die meist intelligenten Larch-Kinder trauen sich zu, am Unterrichtsgeschehen aktiv teilzunehmen, und entdecken so ihre wirklichen Fähigkeiten. Die innere Stimme, die zur Auflösung der begrenzten Vorstellungen drängt, wird so stark, daß Hemmungen und Erwartungsängste weichen. Die Entfaltung der Persönlichkeit beginnt.

5. Mithilfe der Eltern

Wenn Sie ihr Kind aufmerksam beobachten und feststellen, daß es immer in Erwartungsangst lebt und sich kaum etwas zutraut, sollten Sie ihm viel Unterstützung bieten.

Loben Sie bei der Durchsicht der Hausaufgaben unbedingt zuerst alles Schöne und Richtige, bevor sie auf Fehler aufmerksam machen. Trainieren Sie, alles das zu sehen und zu besprechen, was das Kind **kann.** Jeder Mensch besitzt eine Menge Talente, aber leider bemerken wir immer zuerst Fehler und Schwächen. Auch wenn die Bilder, die Ihr Kind malt, die Handarbeiten, die es anfertigt oder die Aufsätze, die es schreibt, nicht perfekt sind, es findet sich immer etwas, was lobenswert ist. Nur wenn Sie das Gute in ihrem Kind sehen, wird es auch zum Vorschein kommen.

Nehmen Sie die Ängste Ihres Kindes mit Larch-Betonung ernst und zwingen Sie es nicht in Situationen hinein vor denen es Angst hat. Die seelischen Nöte drücken sich über körperliche Beschwerden aus. Angst wird schmerzhaft.

Sprechen Sie mit dem Lehrer, daß er den Schüler nur aufrufen soll, wenn er selbst den Finger hebt. Das Kind braucht viel Hilfe und Verständnis. Es ist dringend notwendig zu erfahren, daß ein Fehler lediglich ein Wegweiser ist, es in Zukunft besser zu machen. Zeigen sie auf, daß auch Autoritäten nicht alles wissen und Fehler machen, und daß Korrekturen für die weiteren Schritte im Leben wichtig sind. Vielleicht gelingt es Ihnen, Ihrem Kind auch die eigenen Fehler offen zu zeigen und vor allem, wie Sie selbst damit umgehen, und was Sie selbst daraus lernen!

Mimulus — Gefleckte Gauklerblume

1. Verhalten

Auf dem Schulweg hat es heute schon angefangen: Mimulus wird von einigen seiner Mitschüler dauernd gehänselt, sie merken, daß er Angst hat, und nutzen diese Schwäche schamlos aus.

Fast erleichtert kommt er in die Klasse und denkt an Schutz und Zuflucht, doch da nimmt ihm ein Junge das Federmäppchen weg. "Du hast wohl heute dein Schreibzeug vergessen?", stichelt er und wedelt damit herausfordernd vor seiner Nase herum. Zaghaft versucht Mimulus nach dem Mäppchen zu greifen, aber darauf hat sein Kontrahent nur gewartet. Geschickt wirft er es einem Kameraden zu und, schon ist ein lautstarkes Gefetze im Gange, an dem sich noch einige Schüler mehr beteiligen. Alle warten gespannt, was Mimulus wohl unternehmen würde. Er merkt, daß er rot wird, verzieht sich resignierend auf seinen Platz und ist traurig und völlig verunsichert. Die anderen schreien und toben herum, was den sensiblen Mimulus ganz fertig macht.

Herr Tapferheld, der Klassenlehrer, erscheint. Mimulus fürchtet sich zwar vor der lauten Stimme dieses Lehrers, aber die anderen können ihn jetzt wenigstens eine Zeitlang nicht ärgern.

Das Thema der nun folgenden Geschichtsstunde ist der Dreißigjährige Krieg. Mimulus verfolgt den Unterricht zunächst gespannt und voll Interesse, doch bei den eindringlichen Schilderungen der damaligen Grausamkeiten fühlt sich der Schüler immer unwohler. "Wenn bei uns so ein scheußlicher Krieg ausbrechen würde ... und ich dann auf dem Schlachtfeld schwer verletzt läge. Diese Gedanken beherrschen ihn nun völlig. Er malt sich aus, wie alle Männer aufeinander einschlagen und er sich mitten im Gefecht befindet. Die Stimme des Lehrers kommt ihm unerträglich vor, und sein Herz fängt zu rasen an. Entsetzt schließt er die Augen und hält sich die Ohren zu. "Ich möchte nichts mehr hören von Krieg und Schrecken! Ich halte das nicht aus!" denkt er gequält. Da dröhnt Herrn Tapferhelds Stimme durch den Raum: "Mimulus! Was ist los? Du willst nichts mehr hören und sehen? Anscheinend kennst du die Geschichte des Dreißigjährigen Krieges bereits in- und auswendig? Dann gib uns doch gleich einmal eine Kostprobe deines Wissens!" Mimulus wünscht sich in solchen Momenten nichts sehnlicher als eine Tarnkappe oder ein Loch im Boden, in das er sich versenken könnte. Statt dessen wird ihm heiß, er läuft rot an, und der Schweiß steht ihm auf der Stirn. Einige der Mitschüler, die ihn sowieso immer ärgerten, fangen zu kichern an. Mimulus traut sich kaum noch zu atmen, und er weiß nicht, wovor er sich jetzt am meisten fürchtet: Vor Herrn Tapferhelds Stimmgewalt, vor der bevorstehenden Strafe, vor dem Spott der Mitschüler, vor den grausamen Bildern seiner Kriegsvorstellungen — oder einfach vor allem zusammen?

"Also, du hast nichts zu sagen? Und du kannst auch nicht wiederholen, was ich vorhin erzählt habe?" Nein, Mimulus kann nichts wiederholen. Kein Wort will ihm über die Lippen kommen. Er fühlt lediglich einen dicken Kloß im Hals und ein beängstigendes Herzrasen. "Also gut", donnert Herr Tapferheld, "daß du auch ja nichts verpaßt von dem lehrreichen Unterrichtsstoff, schreibst du bis zur nächsten Geschichtsstunde das besprochene Kapitel auf Seite 14 im Buch ab. So, und nun aufgepaßt Leute, sonst schreiben noch mehr Kandidaten! Disziplin war — und ist natürlich auch heute noch — ein äußerst wichtiger Faktor im Soldatenleben und die Strafen für Verstöße waren damals sehr drastisch ...", fährt der Lehrer in seinen Ausführungen fort, während Mimulus in Angstschweiß gebadet wie ein Häufchen Elend dasitzt und sich nach seinem Zimmer zu Hause sehnt, in das er sich zurückziehen möchte. Aber da war ja noch so lange hin, und vor allem mußte er noch die große Pause und den Heimweg überstehen, was für ihn jeden Tag aufs neue quälend war.

Doch heute hat er Glück! In der Pause ist irgend ein anderes Thema so interessant, daß Mimulus von seinen Widersachern glatt übersehen wird. Etwas freier als sonst kann er nun mit dem zweiten Teil des Vormittags beginnen — wenn da nur nicht der Heimweg noch wäre ...

Es gelingt ihm nicht, sich auf den Deutschunterricht zu konzentrieren, weil die Vorstellung, was alles auf dem Heimweg noch passieren könnte, ihn vollends beschäftigt. Er überlegt hin und her, was er tun könnte, um den anderen aus dem Weg zu gehen.

Endlich ertönt der Schlußgong. Schlagartig springen alle auf und poltern schreiend, lachend und zum Teil schimpfend aus dem Klassenzimmer. Mimulus packt umständlich seine Hefte in die Tasche und hofft, daß die anderen es eilig haben und ihn in Ruhe lassen. Doch schon hat Udo, der Schlimmste von allen, Mimulus entdeckt und legt los: "He Karl, sieh nur, Mimulus ist ja immer noch rot im Gesicht! Paß auf, er wird jetzt gleich ganz schnell bleich werden!" Die beiden gehen auf Mimulus zu, der in seiner panischen Angst sogar einen Verteidigungsversuch wagt: "Jetzt laßt mich endlich in Ruhe — sonst werde ich mal ... "Hast du das gehört, Karl? ruft Udo. "Der Kleine will uns drohen! Ist das nicht niedlich? Er will es gegen uns beide aufnehmen!" Jetzt rutscht Mimulus auch noch die Schultasche aus seinen feuchten, zitternden Händen. "Sieh nur!" kichern die beiden hämisch, "Er macht sich gleich in die Hosen vor lauter Angst!" Da tönt es von der Tür: "Paßt nur auf, daß eure Hosen nicht gleich voll sind! Solche wie ihr haben eh' nur eine große Klappe!" Mimulus' ältere Schwester aus der 12b und ihr Freund Alex sind unbemerkt hereingekommen. "Is' ja schon gut!" murmelt Udo und wischt mit Karl im Gefolge eiligst zur Türe hinaus. "Gott sei Dank! Das war knapp!" denkt er erleichtert und bemerkt, daß ihm die Knie zittern. "Warum wehrst du dich denn nicht?" fragt die Schwester. "Hast du gesehen, wie schnell die davonrauschen, wenn sie unsicher werden?" "Ach, es war ja nicht so schlimm, ich hatte keine Lust auf Streit." Mimulus will nicht über seine Ängste sprechen.

2. Ursache und Wesen

Diese Kinder sind sehr sensibel, scheu, zurückhaltend und reagieren empfindlicher als andere auf Umwelterscheinungen, da sie äußere Eindrücke schwerer verkraften. Jede Leidenserfahrung geht ihnen tief unter die Haut. Allein die Vorstellung einer Gefahr erzeugt übertriebene Angst. Durch dieses ständige Unbehagen sind sie innerlich und äußerlich meist angespannt und ziehen dadurch die Gefahr geradezu magnetisch an.

Der Mimulus-Schüler hat Schwierigkeiten unter Menschenmassen und wird versuchen, größere Ansammlungen zu meiden. Eine Klassengemeinschaft kann bereits ein massives Problem für dieses Kind darstellen. Um jedweder Gefahr zu entgehen, verhält er sich meist sehr friedfertig und zurückhaltend, was andere Kinder oft schnell als Ängstlichkeit erkennen und ihn provozieren. Seine

Furchtsamkeit läßt ihn Dinge vor sich herschieben, und er wird krank, wenn sie schließlich doch näher rücken.

Es sind ganz konkrete, weltliche Gegebenheiten, vor denen Mimulus-Typen sich ängstigen: vor Menschen und Tieren, vor Dunkelheit, vor der Zukunft, vor Krankheit, vor Unfällen, vor Konflikten oder neuen Situationen. Platzangst, Lampenfieber, Lärm, schreiende Schüler, schimpfende Lehrer, Gedränge in den Gängen und in der Pause — überall erleben diese Kinder ihre Furcht. Ein bestimmtes Unterrichtsthema (wie zum Beispiel ein Kriegsbericht im Geschichtsunterricht) kann dazu führen, daß der Schüler nächtelang nicht mehr schlafen kann, weil er sich im Geiste vorstellt, wie es sein könnte, wenn sie selbst in ein Kriegsgeschehen verwickelt wären. So finden sich immer und überall Gründe für Angstzustände.

(Kinder im White Chestnut-Zustand können auch oft nicht schlafen. Der Grund hierfür ist aber nicht die Angst, sondern es ist das Thema, das ihnen nicht mehr aus dem Kopf geht.)

Selbstverständlich gehört auch die Prüfungsangst zu diesem Repertoir. Mimulus ähnelt äußerlich etwas dem Larch-Schüler, aber die Gründe sind verschieden. Larch Schüler leiden unter der Erwartungsangst, sich durch zu wenig Wissen zu blamieren, also dumm zu sein. Den Mimulus-Schüler quält mehr die Situation an sich bzw. der Gedanke, es womöglich zeitlich nicht zu schaffen, alles Gelernte plötzlich zu vergessen, vielleicht das Falsche gelernt zu haben oder zwischendurch auf's Klo zu müssen und nicht zu dürfen. Es gibt unzählige Möglichkeiten! Wie im Larch-Zustand, läuft der Schüler rot an, sobald er aufgerufen wird. Auch wenn er die richtige Antwort weiß, kann er sich nicht mehr darauf konzentrieren (siehe Larch), denn seine ganze Aufmerksamkeit gilt der aufsteigenden Röte, die er mit gesenktem Kopf zu verbergen versucht. Das Gespött der Mitschüler, die seine Unsicherheit bemerken, ist ihm gewiß, und er leidet Höllenqualen, die dem Teufelskreis "Angst" erst recht wieder Nahrung geben. Die Schüler werden kaum darüber sprechen; sie versuchen ihre Probleme zu vertuschen.

3. Mögliche körperliche Hinweise

- Atemnot
- Bettnässen
- Augentränen
- Erröten
- Zittern
- Herzklopfen
- Schweißausbrüche
- feuchte Hände
- Stottern
- wackelige Knie
- Nasenlaufen
- belegte Stimme
- Schüchternheit

4. Wirkung der Bachblüten

Mit Mimulus, der Gefleckten Gauklerblume, findet der Mensch Wege aus seinen Ängsten. Diese Bachblüte nimmt die geistige Blockade, die es unmöglich macht, sich Situationen und Dinge ruhig anzusehen, um wirkliche Gefahren richtig einzuschätzen. Dadurch verliert sich die übertriebene Ängstlichkeit, und im Laufe der Zeit werden aus der Schwäche ein ganz persönlicher Lebensmut und Lebensfreude.

Die Schüler werden das tun können, was sie sich vornehmen und gerne tun wollen. Sie lernen mit Lärm- und Unruhesituationen umzugehen. In der Gemeinschaft erfahren sie durch ihre neue positive Haltung mehr Respekt, was ihnen wiederum mehr Mut gibt. Sie können sich auf den Unterricht konzentrieren, weil sie ihre Mitschüler nicht unbedingt als Feinde sehen, die ihnen Böses wollen, sondern mehr als Freunde. Ihre Prüfungsängste schrumpfen auf ein Maß, das die eigentliche Leistungsfähigkeit nicht mehr ernstlich behindert. Sie werden sich kräftemäßig aufbauen und bald eine tiefe innere Sicherheit erleben, die sie zu glücklichen Menschen macht. Die Liebe für alle Dinge kann sich jetzt frei entfalten, und das Kind bekommt immer mehr Vertrauen in das höhere Selbst. Es entwickelt Tapferkeit und kann andere gut verstehen, die mit ihren Ängsten Probleme haben. Sein Denken und Handeln wird frei.

5. Liebe Eltern,

Sagen Sie zu Ihrem Kind oft “Jetzt stell' dich doch nicht so an!”, “Du meine Güte, bist du ein Angsthase!” oder vielleicht “Also, davor brauchst du doch wirklich keine Angst haben, du bist doch kein Baby mehr!”?

Streichen Sie so schnell wie möglich solcherlei Bemerkungen aus Ihrem Repertoir, denn Sie haben es mit einer Mimulus-Persönlichkeit zu tun. Schimpfen, Ungeduld, Spott und der ewige Hinweis, daß man sich doch davor nicht zu fürchten brauche, helfen den Kindern nichts; ganz im Gegenteil, die Mutlosigkeit verstärkt sich. Hier gilt Ähnliches wie bei Larch-betonten Kindern: Die Ängste müssen ernst genommen werden!

Sie können sehr viel zur Bewältigung der Probleme beitragen, wenn Sie eine ruhige und annehmende Haltung ihrem Kind gegenüber einnehmen und so gut wie möglich zuhören (oder vorsichtig nachfragen), wo sich die Angstfaktoren überall befinden. Versuchen Sie niemals, ein Angstgefühl, das dabei zur Sprache kommt, als lächerlich oder unbegründet abzutun. Im negativen Mimulus-Zustand ist gar nichts unbegründet! Verlangen sie nie Mutproben, wie zum Beispiel abends alleine zu Hause bleiben oder Licht ausmachen, wenn Ihr Kind es nicht ausdrücklich selbst will.

Mut zu entwickeln braucht Geduld und Anteilnahme. Wenn Eltern sicher und zuverlässig die Schwächen ihrer Kinder annehmen, ist dies die größte Hilfestellung, damit es die eigenen inneren Kräfte auffinden lernt. Die Bach-Blüte Mimulus und Ihre liebevolle Unterstützung können die geistigen Angstmuster in unerschütterlichen Lebensmut transformieren.

Mustard — Ackersenf

1. Verhalten

Die Schüler der Klasse 8 b streben schwatzend dem Musikzimmer zu. Mustard ist gutgelaunt und in ihrer Vorfreude auf die von ihr geliebten Musikstunden kommt ihr auch gleich noch für den Nachmittag eine tolle Idee: “Anne! Ich weiß, was wir heute noch machen! Weißt du es auch?” “Nein, was denn?” “Wir gehen Tennis spielen! Hast du Lust?” “Ja, immer! Und nach Beethoven ganz besonders!” “So gegen 15.30 Uhr würde ich dich abholen, dann radeln wir gemeinsam zum Tennisplatz.” Anne stimmt begeistert zu: “Toll, da freue ich mich schon!” Die beiden stimmen den ersten Satz der “Eroica” an und beziehen kichernd ihre Plätze. “Offenbar habt ihr Geschmack an Meister Beethoven gefunden!” schmunzelt Frau Beschwingt, die Musiklehrerin. “Heute werden wir uns mit einer weiteren Sinfonie beschäftigen und sogar ein berühmtes Lied daraus singen, einen wahren Freudengesang, eine Ode an die Freude! Wer weiß jetzt schon, wovon ich spreche?” Die Schüler und Schülerinnen sind neugierig geworden, und Mustard ist begeistert — wenn nur alle Stunden so viel Spaß machen würden wie Musik!

Doch schon in der nächsten Minute legt sich die Begeisterung. Die Freude schwindet im Nu, und es ist, als ob eine erdrückende Schwere auf sie herniedersinken würde. Alle Schüler erheben sich und beginnen zu singen. Mustard steht ebenfalls wie in Trance auf, aber singt nicht mit. Die “Freude schöner Götterfunke” kann den dicken schwarzen Schleier auf ihrem Gemüt nicht durchdringen. Im Gegenteil, diese Musik — soweit sie überhaupt etwas wahrnimmt — verstärkt ihren Schwermut. Sie fühlt Trauer in sich und möchte weder angesprochen noch aufgeheitert werden.

Frau Beschwingt erzählt irgend etwas da vorne, aber Mustard bekommt nichts mehr mit. Ihre Gedanken kreisen um dieses seltsame Gefühl, das ihr ganzes Wesen einnimmt. Es scheint, als trennte sie jetzt eine dicke Mauer von der Umwelt. Kein Lichtstrahl kann diese Mauer durchbrechen. Ihr Denken verlangsamt sich; die undurchdringliche dunkle Wolke umhüllt nicht nur ihren Körper, sondern auch ihren Geist und ihre Seele.

Frau Beschwingt stellt eine Frage an Mustard, bekommt aber keine Antwort, ja nicht einmal einen Blick. Das Mädchen scheint mit den Tränen zu kämpfen. "Du siehst aus, als wolltest du gleich losheulen! Ist etwas passiert? Geht es dir nicht gut?" fragt die Lehrerin. Mustard reagiert nicht. "Du hast doch eben noch ganz munter gesungen! Was ist los mit dir?" Die Schülerin hat keinerlei Erklärung für ihren Weltschmerz, und so versucht sie auch gar nicht, irgend etwas zu sagen. Lisa legt nun freundschaftlich ihren Arm um Mustards Schultern und versucht, ihre Freundin aufzumuntern: "Hey, altes Haus! Was hast du denn? Du wirst doch nicht ausgerechnet bei Beethovens "Neunter" schlapp machen?" Aber dieser lieb gemeinte Aufmunterungsversuch geht total daneben. Trost ist das letzte, was sie jetzt gebrauchen kann. Empört schüttelt sie den Arm ihrer Freundin ab und bricht vollends in Tränen aus: "Ich habe Kopfschmerzen!" schluchzt sie. Es ist das einzige, was ihr im Moment an Erklärung einfällt. In Wirklichkeit hat sie keinerlei Kopfschmerzen, aber wie sollte sie ihren Zustand beschreiben? Da ist nichts zu beschreiben! Sie kann keinen Zusammenhang mit irgendeinem Ereignis finden, es gibt absolut nichts zu erklären. Es ist ganz einfach ein trübes Gefühl, eine Schwere im Gemüt — irgend so etwas. Es gibt nichts, was ihr Interesse wecken könnte.

Frau Beschwingt meint mitfühlend: “Es ist ja die letzte Stunde für heute — da würde ich sagen, daß du vielleicht besser heimgehen solltest. Ich hätte zwar auch eine Kopfschmerztablette, aber ich denke, es ist doch gescheiter, wenn du zur Ruhe kommst. Vielleicht möchte dich Lisa begleiten, das wäre mir recht!” “Nein! Laßt mich in Ruhe! Ich will nur meine Ruhe!” Mustard erhebt sich langsam, steckt im Zeitlupentempo ihre Hefte in die Schultasche und schlürft niedergeschlagen zur Türe hinaus.

Jede Bewegung, jeder Schritt ist eine Anstrengung, und das hektische Leben auf der Straße nervt obendrein. Die Welt um sie herum, die sie kaum noch wahrnimmt, erscheint ihr trostlos. Zu Hause angekommen läßt sie sich müde auf ihr Bett fallen und will von der Welt nichts mehr wissen. Doch schon nach kurzer Zeit kommt die Mutter: “Was ist los mit dir? Geht es dir nicht gut? Du siehst so traurig aus!” “Bitte laß mich in Ruhe!” “Na, na”, meint die Mutter gutmütig, “jetzt komm' erst mal zum Essen, und wenn dein Bauch mit feinem Fisch und frischem Salat gefüllt ist, dann geht es dir bestimmt gleich besser. Willst du es nicht versuchen?” Mustard verliert jetzt völlig die Nerven: “Laßt mich doch endlich alle in Ruhe! Ich will nur meine Ruhe! Ich will niemanden sehen oder hören! Und ich will auch nicht essen!” Die Tränen laufen dem Mädchen über das Gesicht. Ratlos verläßt die Mutter das Zimmer, und Mustard sperrt hinter ihr ab. Dann zieht sie die Vorhänge zu und vergräbt sich in ihren Kissen.

2. Ursache und Wesenszüge

Wenn ein Schüler heiter und aufgeschlossen ist, gut mitarbeitet und ihn plötzlich wie aus heiterem Himmel — von einer Minute zur anderen — eine tiefe Traurigkeit überfällt, kann es sich um den negativen Mustard-Zustand handeln. Er hört dann nicht mehr zu, nimmt nicht mehr wahr, was um ihn herum passiert, und will mit seiner Traurigkeit alleingelassen werden. Eigentlich will er nur noch nach Hause, sich zurückziehen und sich vor aller Welt verkriechen.

Nichts und niemand interressiert ihn mehr, die Lebensfreude scheint völlig erloschen zu sein. Die Betroffenen wissen selbst nicht, woher die Schwermut so plötzlich kommt. Auskünfte über ihren Zustand werden sie nicht geben können; sie wollen nur in Ruhe gelassen werden. Ein Mustard-Kind kann einem richtig leid tun, wenn man es so ansieht mit seinem traurigen Blick. Will man wissen, was los ist, und bohrt zu sehr, bricht es meist in Tränen aus. In diesen Tagen schreibt es schlechte Noten und ist völlig unkonzentriert. Es gibt nichts, was ihn aus dem "Loch", in das es gefallen ist, herausholen könnte. Es ist, als hätte eine dunkle Wolke die Seele des Menschen eingehüllt. So schnell wie sie kommt, vergeht sie auch wieder. Aber während dieser Zeit fühlt man sich elend und völlig trostlos.

Wenn Schüler sich im Mustard-Zustand befinden, werden sie übellaunig, freudlos, unzufrieden und traurig. Eine sogenannte Depression bricht über sie herein, und es kommt deshalb zu Konzentrationsstörungen.

Diesem Zustand liegt kein äußerer Anlaß zugrunde, und der Betroffene spürt vor dem Ausbruch keine Anzeichen. In der Schule läuft alles ganz normal, die Noten sind in Ordnung, es gibt keine Streitigkeiten zu Hause, mit Freunden oder Lehrern, und doch fühlen sie sich einsam und verlassen. Die Schwingungen sind herabgesetzt, dadurch bewegen sich die Kinder langsamer, sprechen monotoner, jeglicher Antrieb fehlt. Es herrscht eine totale innere Leere, in der alles sinnlos und trostlos erscheint. Solche Phasen können in unterschiedlichen Abständen auftreten und sich über verschieden lange Zeiträume erstrecken.

3. Mögliche äußerliche Hinweise

- Schwächezustände
- Kopfschmerzen
- Appetitlosigkeit
- Schlafstörungen
- körperliches Unbehagen
- langsamere Bewegungsabläufe
- Verstopfung

4. Wirkung der Bachblüten

Mustard, der Ackersenf, wird helfen, die dunklen Wolken als vorübergehendes Ereignis zu akzeptieren, um schneller wieder aus diesem Energieloch herauszufinden.

Viele Menschen erleben die Wirkung von Mustard wie das Aufgehen der Sonne nach einem düsteren Regentag.

Im Laufe der Zeit werden die Abstände, in denen solche Zustände auftreten, länger, bis sie eines Tages ganz verschwunden sind. Eine ruhige, innere Heiterkeit wird sich einstellen, die auch in trüben Zeiten nicht mehr ganz verloren geht. Man sieht die dunklen Wolken noch, aber man läßt sich nicht mehr von ihnen bedrükken.

Durch das bewußte Durchleben der Trauer werden Seelenqualitäten freigesetzt, die sehr nützlich für das weitere Leben sind.

Es sind verschüttete Erfahrungen aus diesem oder früheren Leben, die ins Bewußtsein zurückkehren und jetzt aufgearbeitet werden, um uns zu einem erfüllteren, ganzheitlichen Leben zu führen. Die Angst vor diesen Zuständen wird verschwinden.

5. Liebe Eltern,

Wenn Sie feststellen, daß Ihr Kind wieder einmal in einer Stimmung ist, in der es nichts mehr aufheitern kann, es sich nur noch verkriecht und furchtbar traurig ist, so akzeptieren Sie dies ganz bewußt. Leben Sie ein wenig mit, ziehen Sie vielleicht noch extra die Vorhänge zu und hören Sie gemeinsam traurige Musik. So kann ihr Kind bewußt und in Geborgenheit seine Trauer durchleben, was diesen Zustand entscheidend erleichtert.

Es kann aber auch sein, daß Kinder alleine sein möchten. Akzeptieren Sie solche Wünsche, und drängen Sie ihnen nichts auf. Bringen Sie einfach Geduld und Verständnis für diese Situation auf.

Olive — Olive

1. Verhalten

Diese ewige Hetze am Morgen und dann auch noch der Weg zur Schule! Froh, endlich sein Klassenzimmer erreicht zu haben, läßt sich Olive auf seinen Stuhl fallen. Er fühlt sich müde und kraftlos, gerade so, als hätte er schon Schwerstarbeit geleistet. Den Kopf in die aufgestützten Arme gebettet hockt Olive da und schaut schläfrig vor sich hin. Die morgendlichen Aktivitäten und der Schulweg haben ihn bereits erschöpft. Die Mitschüler toben heute besonders wild im Klassenzimmer; sie sind lustig und aufgedreht. Etwas traurig beobachtet er das muntere Treiben und er empfindet Neid: "Warum bin ich immer so müde und abgeschlagen? Ich verstehe das nicht. Nur Cola kann mir helfen!" Mit diesen Gedanken greift Olive in seine Schultasche und zieht die Flasche Cola heraus. Jetzt springen sogar ein paar völlig ausgelassene Schüler über Stühle! Wie herrlich muß es sein, so viel Energie zu haben! Für Olive ist das nur ein Wunschtraum.

Herr Topfit beendet bald darauf das muntere Treiben und die erste Unterrichtsstunde kann beginnen. Biologie ist angesagt. Als erstes ruft der Lehrer Olive auf: "Erzähle mir, was du dir über die Raupen gemerkt hast!" "Ja, also, es gibt verschiedene Arten von Raupen ..." fängt der Schüler an, wird aber von Herrn Topfit wieder unterbrochen: "Ich verstehe dich kaum, bitte sprich lauter, wir wollen dich alle hören!" Erneut setzt Olive an, aber so sehr er sich auch bemüht, seine Stimme ist kaum hörbar. "Steh bitte auf", fordert der Lehrer Olive auf, "vielleicht kommen wir dann in den Genuß deines Vortrages!" Auch das noch! Das Cola hat zwar Olives Sinne geweckt, aber noch lange nicht seine müden Knochen. Schwerfällig steht er auf. Es scheint, als müsse er ein Riesengewicht hochstemmen. Er richtet nun alle Energie auf seine Stimme, und es gelingt ihm so laut zu sprechen, daß jetzt alle hören, was er zu sagen hat. Herr Topfit ist zufrieden, und Olive kann sich wieder setzen. Überglücklich sinkt er auf seinen Stuhl. Die belebende Wirkung des Colas hilft ihm, dem Unterricht aufmerksam zu folgen. Olive ist geistig bei der Sache, aber körperlich fühlt er sich trotzdem erschöpft.

In der darauffolgenden Deutschstunde sinkt seine Konzentrationsfähigkeit auf Null. Er fühlt sich elend, ein wenig schwindelig und kämpft mit dem Gähnen. Die Augen wollen ihm regelrecht zufallen. Olive hört aus weiter Ferne seinen Namen, aber er registriert kaum, daß er tatsächlich gemeint ist. Frau Hellwach, die Deutschlehrerin, versucht es noch einmal: "Hallo, Olive! Ich meine dich wirklich! Komm jetzt heraus und schreibe die erste Strophe des "Erlkönig" an die Tafel!" Dem Schüler wird jetzt endlich klar, was los ist: "Oh, Gott, die meint ja mich! Wie soll ich das schaffen, ich fühle mich wie gelähmt!" Er nimmt alle Kraft zusammen und schleppt sich zur Tafel. "Wie siehst du denn aus?" fragt Frau Hellwach. "Brauchst du Streichhölzer für deine Augen? Mir scheint, du treibst dich nachts herum anstatt zu schlafen — oder schaust du recht viel fern?" "Nein, überhaupt nicht", murmelt Olive, "ich gehe immer schon um zehn Uhr ins Bett. Trotzdem fühle ich mich ständig erschöpft." Die Lehrerin schüttelt ungläubig den Kopf: "Das kann ich mir nicht vorstellen!" Sie hofft, daß seine Eltern zum bevorstehenden Elternabend kommen werden, um mit ihnen darüber zu sprechen. Dann diktiert sie die erste Zeile des Gedichts. Wie in Trance schreibt er die Wörter, wobei der Arm zentnerschwer zu werden scheint. Alles ist für ihn ein enormer Kraftaufwand. Frau Hellwach beobachtet Olive ratlos und schickt ihn zurück auf seinen Platz. Er ist zutiefst erleichtert, daß er sich endlich wieder setzen darf, aber er fühlt sich auch jetzt nicht wohl. Wie schön wäre es jetzt, wenn man den Stuhl zurückklappen könnte, wie einen Liegestuhl! Er ist erschöpft und beneidet die anderen Schüler, die dauernd schwätzen, sich kaum stillhalten können und immer frisch und lebhaft wirken. In der Pause versucht er sich mit Cola, Traubenzucker und Müsliriegel wach zu halten, was aber kurze Zeit später in einen immer größeren Erschöpfungszustand führt. Die Müdigkeit ärgert ihn selbst am meisten, denn er ist nicht uninteressiert — im Gegenteil — er möchte so gerne lernen und bei all den Aktivitäten seiner Freunde dabei sein.

Olive beschäftigt sich in Gedanken bereits mit dem Heimweg: “Wie soll ich das nur schaffen? Ich bin doch jetzt schon total fertig — und dann noch eine viertelstunde Fußmarsch! Oh Gott, wenn ich doch nur schon zu Hause wäre!”

2. Ursache und Wesenszüge

Dieser Schüler kann sich kaum konzentrieren, weil er geringe Kraftreserven zur Verfügung hat, er ist energielos und müde. Er liest den gleichen Satz immer wieder, weiß aber letztendlich doch nicht, was er da gelesen hat. Bekommt er eine Frage gestellt, kann es einige Zeit dauern, bis ihm deren Inhalt bewußt wird. Es fällt ihm schwer aufzustehen, die Müdigkeit ist ihm ins Gesicht geschrieben und die Augen schauen winzig unter den herabhängenden Augenlidern hervor.

Der Olive-Zustand kann nach einer langen, schweren Krankheit auftreten, nach der sich das Kind nur zögerlich erholt oder durch ständige Überbeanspruchung. Er tritt auch bei Kindern auf, die neben der Schule noch viele Arbeiten zu Hause machen oder für kleinere Geschwister sorgen müssen. Der Schüler will nur noch schlafen, will nichts mehr hören und sehen, ist oft zu müde zum Zähneputzen und Waschen und ist völlig erschöpft und ausgelaugt. Nicht einmal seine Hobbys und seine Interessen können ihn wekken. Oft ist er so fertig, daß er jeden Augenblick losheulen könnte. Seine Batterie muß eben öfter geladen werden!

Der Olive-Zustand ist ein Aufruf, mit seiner Lebenskraft richtig umzugehen. Diesen Menschen fällt es schwer, auf ihre innere Stimme zu hören, die ihnen genau sagen würde, wann sie im Begriff sind, sich körperlich oder geistig zu sehr zu verausgaben. Es ist eine Blockade im energetischen Bereich, welche noch durch die vielen Ideen verstärkt wird, die der Betreffende in die Tat umsetzen möchte. Durch übergroßen Aufwand versucht er sein Pensum zu bewältigen, was aber wiederum in die Müdigkeit und den Schwächezustand führt.

Es gibt aber auch den Olive-Schüler, der konstitutionell schwächer veranlagt ist und dadurch grundsätzlich mehr Erholungsphasen benötigt als andere Menschen.

3. Mögliche körperliche Hinweise

- Müdigkeit
- Erschöpfung
- Übelkeit
- Schwindel
- Kopfschmerzen

- Herzschwäche
- niedriger Blutdruck
- Depressionen
- Ausdruckslosigkeit
- kleine Augen
- leise Stimme
- Antriebslosigkeit

4. Wirkung der Bachblüten

Olive erweckt die Lebensgeister und schenkt neue Vitalität.

Wenn wir unsere Kanäle der Lebenskraft nicht verschließen, fließt uns unerschöpflich Energie zu. Unsere innere Stimme sagt uns präzise, wann eine Pause notwendig ist. Menschen die sich mit Hilfe von Olive dieser Stimme öffnen, finden zu ihrem ganz persönlichen Energierhythmus und werden auch die größten Anstrengungen mit ihrer ureigenen Kraft und Leichtigkeit bewältigen.

Wir lernen, mit der Lebenskraft richtig umzugehen und die Warnsignale von Körper und Geist zu verstehen. Es wird uns gelingen, größte Anstrengungen, seien sie geistiger oder körperlicher Natur, zu bewältigen, weil wir fähig sind, auf unsere innere Führung zu hören. Auf das Einatmen folg das Ausatmen, auf Anstrengung folgt Ruhe, auf Ebbe folgt Flut. Es sind die natürlichen Gesetze, die Olive wieder in Gleichklang bringt.

Selbst nach langanhaltender Überforderung kann man wieder vollkommen regenerieren und sich frisch und kräftig fühlen. Man spürt erneut Unternehmungslust und freut sich, daß man sein Leben in die Hand nehmen und seine Wünsche in die Tat umsetzen kann.

5. Liebe Eltern,

Bitte bringen Sie Verständnis auf, wenn Ihr Kind schlapp und müde wirkt. Es muß klug mit seinen Kräften umgehen und braucht viele Erholungsphasen. Für diese Schüler wäre es wichtig — egal wie alt sie sind — eine Mittagsruhe einzuhalten und nachts ausreichend zu schlafen.

Im Gegensatz zu Hornbeam befindet sich bei Olive die Müdigkeit auf geistiger **und** körperlicher Ebene. Sitzt ein Hornbeam-Schüler müde und erschöpft herum, kann er mit spielerischer körperlicher Aktivität zu neuen Energien gelangen. Der Olive-Schüler muß durch körperliche Ruhe Kraft tanken.

Auch nach Krankheiten brauchen diese Kinder ein bißchen länger, bis sie wieder zur Schule gehen können.

Gewaltsame Aufputschmittel und übermäßiger Zuckerkonsum sollten unbedingt vermieden werden, da der Körper unbedingt Ruhepausen braucht, um gesund zu bleiben.

Scleranthus — Einjähriger Knäuel

1. Verhalten

Mutter ruft aus der Küche: “Willst du Tee oder Kakao zum Frühstück?” Scleranthus stöhnt. Sie steht vor ihrem Kleiderschrank und kann sich nicht entscheiden, ob sie heute in Jeans oder im Rock zur Schule gehen sollte, und jetzt soll sie auch noch wissen, was sie trinken will! In dieser bedrängten Situation greift sie zu ihrem schwarzen Schlabberrock und ruft “Tee!” in Richtung Küche. “Will ich eigentlich Tee? Ich weiß nicht ...” Während dieser schier endlosen Überlegung hat sie sich fertig angezogen, betrachtet sich noch einmal im Spiegel und stellt fest, daß sie heute unmöglich aussieht. “Nein, so will ich nicht aus dem Haus gehen — ich ziehe doch die Jeans an!” Langsam wird die Zeit knapp. Der Rock fliegt in die Ecke, sie schlüpft in die Hose und ruft: “Ich frühstücke jetzt nicht mehr, weil es schon so spät ist — ich muß los! Tschau Mama!” Schon ist Scleranthus verschwunden.

In der Deutsch-Doppelstunde ist heute ein Aufsatz zu schreiben. Frau Sonnenklar stellt zwei Themen zur Auswahl: “Urlaub auf dem Bauernhof” oder “Urlaub am Meer”. Scleranthus sitzt vor ihren leeren Seiten und stellt sich immer wieder die Frage: “Welches Thema nehme ich?” Sie hat beide Ferienarten erlebt und könnte somit über beide schreiben, aber welches Thema gibt nun den besseren Aufsatz ab? Sie ringt eine ganze Weile mit sich, bis ihr die Szene einfällt, wie damals auf dem Bauernhof das Kalb auf die Welt kam und sie dem Tier einen Namen geben durfte.

“Ja, das ist ein sehr schönes Erlebnis, das schreibe ich!” Scleranthus schreibt die ersten Sätze auf und bringt eine ganz passable Einleitung zustande. Mitten im Hauptteil hält sie plötzlich inne. Schlagartig sieht sie sich in Gedanken barfuß durch den Sand laufen und fühlt so haargenau das laue Meerwasser um ihre Füße streichen, als wäre sie gar nicht hier im Klassenzimmer, sondern am Meer. Sollte sie doch in dieses Thema einsteigen? Sie kämpft einen kurzen Moment — ja, das war's! Ja, unbedingt! “Das war so phantastisch, so überwältigend, da kann ich den genialsten Aufsatz aller Zeiten schreiben!” Sie nimmt ein neues Blatt Papier und legt begeistert los. Warum hatte sie sich nicht gleich für dieses Thema entschieden? In ihrer Euphorie fliegen die Wörter nur so auf die Zeilen, und ihre Wangen röten sich vor Eifer. “Wunderbar, die Einleitung ist gelungen! Jetzt geht es erst richtig los!” Frau Sonnenklars Stimme reißt Sclerantus jäh aus ihrer Schreibwut: “Langsam zum Ende kommen! Ihr habt noch zehn Minuten, dann ist die Zeit um!” “O nein! Das darf doch nicht wahr sein! Jetzt, wo ich mitten im Thema bin!” Scleranthus' Freude ist sofort dahin. “Da brauche ich gar nicht weiterzuschreiben, das ist doch zum Verrücktwerden! Ausgerechnet jetzt!” Die Lehrerin versucht das Mädchen aufzumuntern: “Nun komm', in zehn Minuten schaffst du doch noch ein paar schöne Schlußsätze, so wenig ist das doch gar nicht!” “Für mich ist das viel zu wenig, weil ich noch längst nicht am Schluß bin! Ich bin mitten in dem schönsten Aufsatz, den ich je geschrieben habe! Es ist ja auch irgendwie nicht richtig, zwei Aufsatzthemen zu stellen. Wie soll man auf die Schnelle das richtige für sich herausfinden?” Scleranthus ist untröstlich.

Wie gut, daß nach der Pause Zeichnen ist. Im Schulhof schwärmt sie ihrer Freundin Bärbel von der kommenden Unterrichtsstunde vor: “Ich freue mich schon riesig darauf! Zeichnen ist meine ganze

Leidenschaft, ich kann es kaum mehr erwarten!" Bärbel stimmt zu, auch sie zeichnet gerne und findet die Lehrerin toll: "Frau Geradlinig hat auch immer ein tolles Thema auf Lager und kann so gut erklären, so daß einem alles ganz einfach vorkommt, findest du nicht?" Scleranthus macht einen Luftsprung und umarmt dann ihre Freundin stürmisch: "Ja, das ist toll, und ich freue mich schon so! Sie ist die beste Lehrerin auf der ganzen Welt!" Scleranthus scheint völlig aus dem Häuschen zu geraten, und Bärbel wehrt ab: "He, komm wieder auf den Teppich, du verrücktes Huhn! Du flippst wieder mal total aus!" Endlich ertönt die Pausenglocke, und die Schülerinnen eilen in den Zeichensaal. Scleranthus begrüßt die Lehrerin überschwänglich: "Ach, Frau Geradlinig! Jetzt beginnt wieder die schönste Stunde meines Lebens!"

Die Lehrerin steht schmunzelnd vor der Klasse und spricht von einer ganz großen Herausforderung, die sie heute an ihre Schüler stellt: "Wir haben uns in den vergangenen Stunden mit dem räumlichen Zeichnen beschäftigt. Mein heutiges Thema heißt "Der Blick durch das Fenster". Dabei überlasse ich es euch, ob ihr von innen nach außen schauen wollt, oder ob euer Blick von außen durch das Fenster nach innen fällt! Ist das klar? Überlegt euch,von welcher Seite ihr durch das Fenster schaut — und wohin!" Ein Raunen geht durch die Klasse. Manche sind hellauf begeistert, und einige stöhnen. Am lautesten stöhnt Scleranthus: "Das darf doch nicht wahr sein! Jetzt geht der Blödsinn hier auch noch los, daß man zwei Themen zur Auswahl hat. Ich hasse das! Das hatten wir doch noch nie im Kunstunterricht! Das ist die doofste Zeichenstunde, die ich je erlebt habe!" schimpft sie los. "Wieso immer dieses Verwirrspiel! Heute bei den Aufsatzthemen das gleiche Theater! Kann man denn nicht ein einziges, vernünftiges Thema stellen? Ich mach' da nicht mit! Die kann mich mal!" Bärbel ist zutiefst über die heftige Ausdrucksweise ihrer Freundin erschrokken und befürchtet, daß Frau Geradlinig womöglich etwas gehört hat. "Mensch, jetzt krieg dich wieder ein! Du bist unmöglich! Gerade warst du noch fast hysterisch vor Freude und jetzt schimpfst du wie ein Rohrspatz. Fang lieber mit der Arbeit an und vergeude nicht die wertvolle Zeit!" "Gibt es Probleme, Bärbel und Scleranthus?" fragt die Lehrerin. Die Mädchen verneinen.

Scleranthus strichelt lustlos auf ihrem Papier herum. Sie quält sich mit den beiden Möglichkeiten, kommt zu keiner Entscheidung und wird dabei immer wütender. Am Ende der Stunde hat sie noch immer kein Ergebnis auf ihrem Blatt und die Lehrerin wundert sich: "Was ist nur mit dir los? Du bist mit so viel Enthusiasmus zur Zeichenstunde erschienen — und dann sowas?" "Konnte mich nicht entscheiden!" murmelt Scleranthus ärgerlich.

Auf dem Nach-Hause-Weg schimpft sie ununterbrochen auf die doofen Lehrer, die blöde Schule und darauf, daß keiner weiß, was er wirklich will!

2. Ursache und Wesen

Scleranthus-Schüler können im Unterricht nicht aufmerksam mitarbeiten, weil sie über Dinge nachdenken müssen, die eine Entscheidung verlangen.

Was für die einen selbstverständlich ist, ist für sie ein Problem: Spiele ich Handball oder Fußball?, Trinke ich Tee oder Milch? Ziehe ich dies oder jenes an? Ein Scleranthus-Typ hat Angst, irgend etwas zu versäumen, er will alles haben und sieht ständig Vorteile hier und Nachteile da. Welch ein Ringen, wenn dieser

Schüler vor zwei Aufsatzthemen sitzt, aus denen er sich eines aussuchen soll! Erst dauert es eine Ewigkeit, bis er sich überhaupt für ein Thema entscheidet und dann ist es durchaus möglich, daß er nach fünf Sätzen doch noch mal zu einem anderen wechselt. Die Zeit läuft ihm davon und als Ergebnis liegt letztendlich nur ein halbfertiger Aufsatz vor. Aber auch im Aufsatz selbst finden sich die Spuren des Scleranthus-Zustandes: unvollständige Sätze oder solche, die in keinem Zusammenhang mit dem Vorhergeschriebenen stehen.

Auch im Gespräch wirkt dieser Schüler oft unkonzentriert, weil ihm zwei oder gar mehr Dinge gleichzeitig durch den Kopf gehen und er nicht bei einem Thema bleiben kann.

Die Verwirrung und Unentschiedenheit dieses Menschen wurzelt in einem unerfüllten Harmoniewunsch. Ihm ist nicht klar, daß die Ausgeglichenheit der Waagschalen durch das Zufügen oder Wegnehmen der Gewichte erreicht werden kann und immer wieder neu austariert werden muß.

Wenn zum Beispiel ein Gärtner einen ertragreichen Gemüsegarten haben will, wird er sich dazu durchringen müssen, daß Unkräuter und tierische Störenfriede beseitigt werden müssen, um die gewünschten Pflanzen erfolgreich zu züchten. Eine Entscheidung ist notwendig. Er kann auch von dem völlig "wilden, natürlichen" Garten schwärmen, von der harmonischen Natur, darf aber dann nicht klagen, daß er kaum Salat ernten kann, weil die Schnecken alles wegfressen.

Im negativen Scleranthus-Zustand kämpfen wir mit jeder Detailansicht des Problems, ohne das große Ganze zu erkennen. Wir wollen alles haben, auf nichts verzichten und es ist uns nicht möglich, eine Priorität zu setzen.

3. Mögliche körperliche Hinweise

- Aktivität / Apathie
- hoher Blutdruck / niedriger Blutdruck
- Übererregbarkeit / Übermüdung
- Heißhunger / Appetitlosigkeit
- Durchfall / Verstopfung
- Zappeligkeit
- Unzufriedenheit
- Rastlosigkeit
- Gleichgewichtsstörungen

4. Wirkung der Bachblüten

Scleranthus, das einjährige Knäuel, hilft den Menschen, eine klare Meinung zu bilden und dadurch Harmonie in ihren Gedanken herzustellen. Sie finden innere Ausgeglichenheit, werden fähig, für sich persönlich die im Augenblick notwendige Entscheidung zu treffen. Sie erkennen die für sie wichtigen Prioritäten, ohne die Gesamtheit ihres Vorhabens aus den Augen zu verlieren. Die Angst vor Fehlentscheidungen oder davor, etwas wichtiges zu verpassen, verliert sich und wandelt sich in eine natürliche Sicherheit, daß man letztendlich aus dem tiefsten Inneren heraus immer die richtige Entscheidung für sich finden kann. Scleranthus öffnet dem Menschen die Möglichkeit, seine eigene Mitte zu finden und daraus den "goldenen Mittelweg" zu beschreiten.

Die Kinder entdecken, daß sie immer weniger Zeitprobleme haben, weil der langwierige Entscheidungskampf wegfällt. Alles, was sie beginnen, führen sie nun auch zu Ende.

Die extatischen "Himmelhoch-Jauchzend-" und "Zu-Tode-Betrübt-Stimmungen" verwandeln sich in natürliche Freude und Trauerphasen, die den Menschen nicht mehr völlig aus der Balance werfen. Sie behalten überwiegend ihr inneres Gleichgewicht, und entwickeln dadurch Zuverlässigkeit und Ruhe.

5. Liebe Eltern,

Haben Sie Ihr Scleranthus-Kind hier erkannt? Dann helfen Sie ihm in seiner großen Unsicherheit, indem sie Situationen, die Entscheidungen erfordern, ausführlich besprechen. Begründen Sie ihre eigenen Entscheidungen und erläutern Sie, worin für Sie persönlich der Vorteil oder die daraus entstehenden Folgen liegen. Jeder Mensch muß sich immer und immer wieder mit verschiedenen Möglichkeiten auseinandersetzen und zu einem Entschluß kommen, ohne dabei das Große und Ganze aus den Augen zu verlieren.

Es ist wichtig zu lernen, aus einer Sache alles herauszuholen und nicht alles auf einmal machen zu wollen. Je mehr Sie zusammen mit Ihrem Kind üben, aus jeder Situation etwas zu machen, und aus dem, was daraus entstanden ist, wieder etwas Neues zu schaffen, desto leichter und freudiger kann es zu geistiger Klarheit kommen. Die größte Kreativität des Menschen liegt in seiner Entdeckung, daß aus jedem Gedanken, aus jeder Handlung, aus jeder Entscheidung, wieder eine neue Möglichkeit für neue Gedanken, Handlungen und Entscheidungen entstehen. Diese Erkenntnis bringt Ordnung und Harmonie in unser Wesen.

Vervain — Eisenkraut

1. Verhalten

Vervain stürzt mit letzten Kräften in das Klassenzimmer Sein rechtes Augenlid zuckt vor Erschöpfung, denn er war vor lauter Aufregung die ganze Nacht hellwach. "Hört alle mal zu!" unterbricht er lautstark die lärmenden Mitschüler. Wie immer schafft er es, sich schlagartig Gehör zu verschaffen. "Stellt euch vor, ich war gestern auf einer Friedensveranstaltung. Das war großartig! Ich bin total fasziniert! Wißt ihr, wir schlafen ja alle irgendwie vor uns hin, aber ich bin gestern aufgewacht! Paßt auf ..." Die Worte sprudeln wie ein Sturzbach aus ihm heraus. Vervain hat nun alle Mitschüler in seinen Bann gezogen und sie folgen aufmerksam seinen Ausführungen über die Motive und die Arbeit der Friedensbewegung.

Nur eine Stimme kann die Versammlung unterbrechen, und das ist die von Herrn Unaufdringlich, dem Deutschlehrer. "Meine Damen und Herren", beginnt er charmant, aber bestimmt, "jetzt möchte ich die Führung des Unterrichts übernehmen, wobei ich hoffe, daß ich vielleicht ebenso erhört werde, wie der Sprecher von eben!" Es folgt allgemeines Gekicher und die Schüler nehmen ihre Plätze ein. Vervain zappelt auf seinem Stuhl herum und denkt: "Wenn ich mein Wissen nicht endlich loswerden kann, platze ich noch!" In diesem Moment kommt die Rettung. Herr Unaufdringlich beginnt mit dem Thema dieser Unterrichtsstunde: "Wir werden uns heute in Politik üben und über die Zusammenarbeit verschiedener Völker nachdenken." Das war's! Vervain platzt mit seinem

Wochenenderlebnis heraus und ist nicht mehr zu bremsen: "Dazu muß ich unbedingt etwas erzählen! Das ist total wichtig!" Dem Lehrer wird klar, daß er Vervain jetzt erst einmal sprechen lassen muß, um nicht die komplette Stunde mit ihm um das Wort kämpfen zu müssen. "Ich war am Sonntag auf einer Veranstaltung der Friedensbewegung. Das war so riesig, was die da alles gesagt haben! Um zu einem echten Frieden zu gelangen, müssen sich die Völker — und das heißt im Klartext jeder einzelne — lernen zu geben und nicht immer nur zu nehmen! Wenn jeder seine Grundeinstellung ändert und sich in Zukunft fragt, 'Was kann ich meinem Mitmenschen geben? Was kann ich für ihn tun?', dann haben wir eine echte Chance, in Frieden zu leben. Wir müssen unser Wettbewerbsdenken verändern! Ich darf nicht dauernd nur schauen, was ich vom anderen haben kann, welche Vorteile ich für mich herausholen kann und wo ich den anderen übertrumpfen kann. Nein! Geben ist viel wichtiger! Das Wort geben kann auch mit dem Wort Liebe ausgetauscht werden, und Liebe bedeutet Leben und Wachstum, während Haß und Neid Zerstörung bedeutet!"

Die kurze Verschnaufpause in Vervains mitreißenden Rede nützt Herr Unaufdringlich zu einem wohlwollenden Kommentar, denn das Engagement des Schülers beeindruckt ihn sehr: "Das sind interessante Gedanken Vervain, die du uns mitgebracht und übermittelt hast. Respekt. Und du hast eine wunderbare Begabung, andere Menschen mitzureißen! Das paßt auch gut in unsere heutige Stunde. Ich möchte das, was du uns gesagt hast, zur Diskussion stellen." Vervain ist fassungslos. Wieso zur Diskussion stellen? Was gibt es da zu diskutieren? Außerdem hat er noch gar nicht richtig losgelegt! Er hat doch noch so viel zu dem Thema zu sagen! Der Schüler ist kaum zu halten. Immer wieder muß er sich in die Meinungen der anderen einmischen und läßt kaum jemand ungestört zu Wort kommen. Der Lehrer hat Mühe, ihn immer wieder zum Zuhören zu bewegen: "Einem anderen Zeit zum reden zu geben, ist auch eine Art Liebe zu schenken. Bitte laß auch andere zu Wort kommen!" Aber mit dieser Ermahnung kommt Vervain nicht zurecht. Er hat doch allen etwas zu sagen, er war doch auf der Friedensveranstaltung, ihm müssen doch jetzt alle zuhören! "Nun", denkt Herr Unaufdringlich am Ende dieser Stunde, "es macht Spaß, mit den jungen Leuten zu diskutieren, aber wie kann ich Vervain verständlich machen, daß ihn sein missionarischer Eifer nicht weiterbringt, wenn er sich zum hitzköpfigen Weltverbesserer hochschaukelt? Er verabschiedet sich von der Klasse, was Vervain und einige andere Jugendliche nicht wahrnehmen, da sie völlig in ihr Thema vertieft sind.

Von dem restlichen Unterrichtsgeschehen bekommt Vervain kaum etwas mit. Sein ganzes Denken gehört seit Sonntag nur noch der herrlichen Idee, Frieden zu schaffen. Was soll die ganze Lernerei auch? Hat er nicht seinen Lebenssinn gefunden? Natürlich! Das war's! Nur das! Ja! Er ist erfüllt von der Idee und der Möglichkeit, die Menschen und die ganze Welt zu verbessern.

Plötzlich hört Vervain jemanden von Liebe sprechen. Wie eine Rakete saust sein Finger in die Höhe und sein Schnalzen übertönt alles. Welche Stunde war das eigentlich? Und welcher Lehrer? Völlig egal, aber zum Thema Liebe, Geben und Frieden, da habe ich was zu sagen! Das ist wichtig! Hört mal alle zu!

2. Ursache

Vervain-Schüler setzten sich mit unbremsbarer Energie für eine Sache ein, die sie interessiert. In ihrem Übereifer reden sie im Unterricht dauernd dazwischen und belehren auch noch die anderen. Für die anderen Schulfächer, die ihnen uninteressant erscheinen, zeigen sie dagegen kaum Interesse.

Solche Schüler ergreifen die Initiative, versuchen andere leidenschaftlich für ihre Interessen zu gewinnen und sind häufig unter den Mannschaftsführern in Sport und Spiel zu finden. Vervain-Kinder meinen, sie müssen so lange auf andere einwirken, bis diese restlos Überzeugt sind. Sie sind oftmals sogar bereit, Mitschülern Nachhilfeunterricht zu geben, denn damit können sie ihren Übereifer ausleben. Sie schrecken nicht zurück, sich in ihrem Gebiet völlig zu verausgaben und werden sich bis zu extremen Erschöpfungszuständen einsetzen. Oftmals sind diese Kinder auch nicht ins Bett zu kriegen, weil sie so aufgedreht sind.

Der negative Vervain-Charakter bringt eks xtatische Begeisterung, Fanatismus und missionarischen Übereifer hervor. Dahinter steckt durchaus eine positive Idee, die aber durch zu starkes inneres Feuer den anderen aufgedrängt wird. Der Mensch spürt den Drang, seine Ideen und Ideale der ganzen Welt mitzuteilen, kann aber mit der übermäßigen Energie noch nicht richtig umgehen. Man will andere zu ihrem Glück zwingen und kann mit deren Freiheit nichts anfangen.

Vervain-Menschen gehen für einen guten Zweck auf die Barrikaden, landen dafür auch mal im Gefängnis oder steigern sich in Extreme, wie zum Beispiel Selbstverbrennung. Gerne übernehmen sie Arbeiten für Gesundheitsverbände oder ähnliche Vereinigungen. Sie scheuen keinen Einsatz, und wenn es um die sogenannte gute Sache geht, arbeiten sie Tag und Nacht ohne Unterlaß. Diese Leute überschätzen leicht ihre Energie- und Kraftreserven und treiben Raubbau mit ihrer Gesundheit.

3. Mögliche körperliche Hinweise

- Angespanntheit
- Nervosität
- Muskelspannungen
- Zorn
- schnelle Bewegungen
- Schlaflosigkeit
- Reizbarkeit
- verkrampfte Haltung
- Augenschmerzen
- Übereifer
- Erschöpfungszustände
- Kopfschmerzen

4. Wirkung der Bachblüten

Vervain, das Eisenkraut, hilft dem Schüler, seine hohen Ideale auf entspanntere und stillere Weise zu leben. Er wird lernen, auch andere Meinungen zu akzeptieren und wenn nötig, vielleicht seine Einstellung nochmals zu überdenken. Durch die Einnahme dieser Bachblüte öffnet sich das Bewußtsein, daß er auch ohne Zwang und intoleranter Besserwisserei andere für seine Ideen begeistern kann, wenn diese dafür reif sind. Der Schüler kann seine Energien angemessen und liebevoll einsetzen. Er wird seine Mitmenschen durch das eigene "So Sein" begeistern können und das eigene Licht wird andere erhellen — ohne Druck und maßlosem Einsatz.

5. Liebe Eltern,

Sie haben die Aufgabe, Ihrem Kind bei der Harmonisierung seiner enormen Begeisterungsfähigkeit zu helfen. Dazu benötigen sie Geduld und eine große Portion Ausdauer, denn Ihr Vervain-Kind wird sich nicht leicht bremsen lassen. Und doch ist es nötig, immer und immer wieder zu der Überlegung anzuregen, ob seine Ideen und Ideale unbedingt allen erreichbaren Menschen aufgezwungen werden müssen. Daß Druck Gegendruck erzeugt, ist ein ewiges Gesetz, das ein Vervain-Typ begreifen muß. Bringen Sie ihm immer wieder nahe, daß jeder Mensch die Möglichkeit hat, eigene Erfahrungen zu machen und daß diese Toleranz im Zusammenleben wichtig ist. Würde er sich im umgekehrten Falle manipulieren lassen? Helfen Sie Ihrem Kind, seine Ideale selbst so weit wie möglich auszuleben, es werden sich von ganz alleine Gesinnungspartner einstellen! Ein Mensch, der von seiner Aufgabe erfüllt ist und diese mit Liebe ausübt, wird ein Vorbild für viele.

Mit Entspannungsübungen, wie z.B. Atemtherapie, Autogenes Training, aber auch mit Spiel und Sport können die übermäßigen Energien in positive Kanäle geleitet werden. Für das Kind ist es sehr wichtig, daß es mit seinem Körper gut umzugehen lernt, da er ein bemerkenswertes Instrument für unseren Weg durch dieses Leben ist.

Hamburg
Berlin
Berlin
Bremen
Köln
Berlin
Hamburg
Köln
Hamburg
Brem
Köln

White Chestnut — Weiße Kastanie

1. Verhalten

Müde und deprimiert sitzt White Chestnut da, kann sich einfach nicht auf den Unterricht konzentrieren. Ständig kratzt er sich, mal am Kopf, mal an der Hand oder am Arm. Sein Nachbar fragt ihn, ob er Läuse hat, aber White Chestnut reagiert nicht. "Hallo, ich spreche mit dir! Wo bist du denn dauernd mit deinen Gedanken?" "Ach, ich bin so blöd. Ich habe ihm nichts von unserem Hund erzählt!" antwortet er. Willi muß nachfragen: "Wem denn?" "Ach, gestern abend hat mein Onkel aus England angerufen und ich habe ihm alles mögliche erzählt, nur nicht von unserem kleinen Hund! Ich verstehe gar nicht, wieso ich nichts gesagt habe. Das macht mich total fertig. Ich konnte kaum schlafen heute nacht, ich mußte ständig darüber nachdenken."

"White Chestnut!" Herr Klargeist steht neben White Chestnut und klopft ihm auf die Schulter: "Du sollst nicht schwätzen, sondern etwas über besondere Merkmale der großen Städte Deutschlands erzählen. Fällt dir eine Stadt ein?" "Ja, schon", stammelt er, "da wäre die Hansestadt Hamburg mit der Reeperbahn und dem großen Hafen..." Großes Gekicher. "Deine Anordnung der Besonderheiten dieser Stadt ist interessant!" meint Herr Klargeist belustigt, was die Schüler erst recht in Stimmung bringt. "Wollen wir mal sehen, an welche Stadt du denkst, Willi!" Der Schüler erzählt von Köln, dem berühmten Dom und dem närrischen Karnevalstreiben. White Chestnut fallen nun auch unzählige Beispiele zu diesem Thema ein und schon drehen sich seine Gedanken wieder im Kreis: "Warum habe ich so ein blödes Beispiel gebracht? Mir fällt nie etwas Gescheites ein. Über Frankfurt hätte ich so viel gewußt — oder über Berlin!" White Chestnut kommt nicht auf die Idee, sich vielleicht nochmal zu melden, nein, er ist schon wieder in seinem Gedankenkreis gefangen, wie der Hamster im Tretrad. Der Lehrer bemerkt die Unaufmerksamkeit des Schülers und ruft ihn nochmal auf: "Hast du mitbekommen, was gerade über Bremen gesagt wurde? Wiederhole bitte!" "Ähm — Bremen?" stottert er fragend. "Was ist denn nur los mit dir, White Chestnut? fragt Herr Klargeist ärgerlich. "Paßt du denn überhaupt nicht auf? Wo bist du denn ständig mit deinen Gedanken?"

Kaum wendet sich Herr Klargeist wieder dem Unterrichtsstoff zu, setzt sich erneut White Chestnut's geistiges Karussell in Bewegung: "Nie habe ich eine passende Antwort. Wieso fragt er mich auch nach Bremen? Hätte ich doch nur etwas über Berlin oder Frankfurt erzählt! Und hätte ich doch bloß Onkel Georg von Struppi erzählt! Wie konnte ich das nur vergessen!.... Und so gehen die Gedanken in seinem Kopf immerfort weiter, bis zu einem bestimmten Punkt, um dann wieder von Vorne anzufangen.

Der Gong ertönt und die Schulstunden sind für heute beendet. White Chestnut fällt ein, daß am Nachmittag Oma und Opa zu Besuch kommen und er ihnen sein neues Klavierstück vorspielen will. "Bevor wir Kaffeetrinken, werde ich spielen! Ja, sie werden sich alle auf die Couch setzen und dann fange ich an ..." Er geht die Szene in seinem Geiste immer wieder durch. Aber auch die Gedanken um Struppi, oder das Schulthema "Städte in Deutschland" sind noch längst nicht verarbeitet, sondern melden sich immerfort.

Plötzlich steht Emil vor ihm und fragt: Hey, was machst du hier? Kommst du zu mir?" Es dauert einen Moment, dann dämmert

White Chestnut, daß er die Abzweigung übersehen hat, an der er hätte abbiegen müssen. Er schüttelt den Kopf, als wolle er sich von diesen lästigen Gedanken befreien, die ihn nicht in Ruhe ließen, dann schaut er Emil verlegen an und meint: "Nein, nein! Ich habe mich nur für etwas Bestimmtes interessiert. Ich wollte eben umkehren!" Schnell dreht er um, ruft noch ein freundliches "Tschau!" und eilt davon.

"Ich kann ihm doch nicht sagen, daß ich meine Straße verpaßt habe! Sowas Blödes! — Oder vielleicht doch? Warum auch nicht? Kann ja mal passieren? — Trotzdem ist es blöd... Schon läuft Whithe Chestnut's Gedankenkarussell wieder auf Hochtouren!

2. Ursache

Der Konzentrationsmangel bei White Chestnut entsteht durch immer wiederkehrende gleiche Gedanken.

Ein Gespräch beim Frühstück, eine Nachricht aus dem Radio, eine Begebenheit auf dem Schulweg, was immer auch einen White Chestnut-Schüler bewegen mag, er wird kaum noch bemerken, was im Unterricht vor sich geht, weil ihn irgendein Gedanke nicht mehr los läßt. Es kann soweit gehen, daß er sogar beginnt, Selbstgespräche zu führen. Der Gedankenstrom läßt sich nicht mehr abstellen, immer wieder kreist dasselbe Thema wie ein Mühlrad in seinem Kopf herum.

Oftmals können diese Schüler schlecht einschlafen. Vor Prüfungen wird die Situation besonders schlimm, weil sie sich ununterbrochen selbst abfragen und alles zigmal wiederholen!. Manche Kinder erkennen diesen Mechanismus und vergleichen ihn mit einer Schallplatte, die hängengeblieben ist.

Man nimmt Informationen, Situationen oder Ideen gedanklich auf und weiß nicht wie man sie verarbeiten könnte. Der geistige Verdauungsprozeß ist gestört; unnötig gewordener Balast kann nicht losgelassen werden.

3. Mögliche körperliche Hinweise

- Kopfschmerzen / Überdruck
- nervöses Kratzen
- Zähneknirschen
- mahlen mit dem Unterkiefer
- müde / deprimiert
- schlaflos

4. Wirkung der Bachblüten

White Chestnut, die weiße Kastanie, oder auch Roßkastanie genannt, sorgt für Ordnung im Kopf. Diese Bachblüte hilft, den quälenden Gedankenkreislauf aufzulösen. Der Mensch kann jetzt daran gehen, seine Probleme aufzuarbeiten und Wichtiges von Unwichtigem zu trennen und loszulassen.

Dem Kind wird es gelingen, sich mit großer Phantasie und Intensität einer Sache zu widmen, aber auch wieder abzuschalten, wenn es erforderlich ist. Es kann selbst entscheiden, wohin es seine Gedanken lenken und wie lange es dort verbleiben will. Durch die Fähigkeit, das geistige Teufelsrad immer wieder zu verlassen, kommt der Mensch zu dem wunderbaren Erlebnis, daß dadurch völlig neue Ideen aus dem Inneren auftauchen, die ein vorher schier unlösbares Problem schlagartig auflösen.

5. Liebe Eltern,

Werden Sie zusammen mit ihrem Kind erfinderisch im "Gedankenloslassen"! Man kann Probleme und unliebsame Erlebnisse in einen imaginären Mülleimer werfen, in einen Fluß oder vielleicht all diese Dinge in eine Schachtel packen, ein schönes Schleifchen darum binden und dem Schutzengel anvertrauen. Ältere Schüler finden es vielleicht interessant, einem Tagebuch ihre Nöte anzuvertrauen. So ist zunächst einmal der "Vorgang abgelegt" und später kann man sogar nachvollziehen, auf welche Weise und durch welche Umstände sich die Sache erledigt hat.

Machen Sie diese Übung auch selbst — Und berichten Sie Ihrem Kind, wie erfolgreich ihre innere Weisheit Sie zu neuen Ergebnissen geführt hat. Sie werden staunen wieviel Kreativität in jedem von uns steckt!

Zubereitung und Einnahme der Bachblüten-Essenz

In jeder Apotheke können Sie sich ihre Blütenessenzen mischen lassen und aus diesem Fläschchen täglich 4 x 4 Tropfen einnehmen.

Es ist aber auch möglich einzelne Stockbottels bzw. einen ganzen Satz von 38 Stück zu kaufen, um sich dann die Mischungen je nach Bedarf selbst zuzubereiten. Besorgen Sie sich dafür in der Apotheke ein lichtundurchlässiges 30ml-Fläschchen mit Pipette oder Tropfer und geben 3 Tropfen aus dem jeweiligen Originalfläschchen, sowie ∫ Wasser (ohne Kohlensäure) und ˘ 45% Alkohol (Brandy) dazu. Wenn kein Alkohol erwünscht ist, können Sie an dessen Stelle auch Obstessig verwenden.

Bei akuten Beschwerden geben Sie direkt aus den Stockbottles jeweils einen Tropfen in ein Glas Wasser und trinken häufig einen Schluck.

Da die Bachblütentherapie eine sehr individuelle ist, erfolgt auch die Einnahme dementsprechend. Die übliche Verordnung ist 4 x 4 Tropfen täglich. Sie werden jedoch die größtmögliche Wirkung erzielen, wenn Sie sich von Ihrem Gefühl leiten lassen.

Sind Sie nun entschlossen, diese Behandlungsart zu nutzen, beachten Sie folgende Richtlinien:

1) den Vorsatz haben, sich zu ändern,
2) sich den Blüten einfach öffnen und sie ihre Arbeit tun lassen,
3) sich freuen auf das, was kommt.

VII. Repertorium

Abschalten	kann nicht, aus Faszination und Übereifer	Vervain
	kann nicht, wegen immer wiederkehrende Gedanken	White Chestnut
ärgerlich	weil andere nicht seiner Meinung sind	Vervain
	weil alles zu langsam geht	Impatiens
	wegen Müdigkeit	Olive
	wegen Zwang- bzw. Druckgefühl	Cherry Plum
	weil zu wenig Aufmerksamkeit	Heather
alleinsein	möchte nicht, braucht Publikum	Heather
	möchte nicht, wegen Angst	Mimulus
alleinsein	will Träumen nachhängen	Clematis
	will in der Vergangenheit träumen	Honeysuckle
	will Trauer durchleben	Mustard
angespannt	wegen Überdruck	Cherry Plum
	wegen zu viel Geistesarbeit	Hornbeam
	weil alles zu langsam geht	Impatiens
	wegen zu vieler Ängste	Mimulus
	wegen Angst, sich zu blamieren	Larch
	aus Schwäche	Olive
	aus Übereifer für eine Sache	Vervain
Angst	etwas Schlimmes zu tun	Cherry Plum
	von anderen übergangen zu werden	Heather
	sich zu blamieren	Larch
	Angst vor allem	Mimulus

antriebslos	geistig überfordert	Hornbeam
	schwebt in anderen Sphären	Clematis
	lebt in der schönen Vergangenheit	Honeysuckle
	in tiefe Traurigkeit versunken	Mustard
	geistige und körperliche Schwäche	Olive
	die immer gleichen Gedanken gehen nicht mehr aus dem Kopf	White Chestnut
Aufmerksamkeit	will im Mittelpunkt stehen	Heather
	will allen sein Wissen aufdrängen	Vervain
Erröten	leicht aus Angst	Mimulus
	leicht aus Angst sich zu blamieren	Larch
Erschöpfung	durch ständiges sich selbst beobachten	Cherry Plum
	durch geistige Überforderung	Hornbeam
	durch Schnelligkeit	Impatiens
	durch Angst, man könnte sich blamieren	Larch
	durch ständige Angst	Mimulus
	durch übermäßige Trauer	Mustard
	geistig + körperlich	Olive
	durch übermäßigen missionarischen Einsatz	Vervain
	durch wiederkehrende gleiche Gedanken	White Chestnut
Gedächtnisschwäche	wenig Realitätssinn	Clematis
	Erfahrungen werden nicht richtig ausgewertet	Chestnut Bud
Gereiztheit	weil nicht schnell genug	Impatiens
	wegen Verkrampfung	Cherry Plum
	wenn andere nicht verstehen	Vervain

Gestik	hektisch	Cherry Plum Impatiens
Gedanken	in einem Vorhaben	Vervain
	in Fantasiewelt	Clematis
	in Vergangenheit	Honeysuckle
	in Wehmut	Mustard
	immer die gleichen	White Chestnut
	sprunghaft	Scleranthus
müde	schwebt in Wolken	Clematis
	übermäßiges Lernen	Hornbeam
	übermäßige Geschwindigkeit	Impatiens
	aus Trauer	Mustard
	körperlich + geistig	Olive
	übermäßiger Einsatz	Vervain
nervös	weil alles schnell gehen muß	Impatiens
	aus innerem Überdruck	Cherry Plum
	wegen Angst	Mimulus
	aus Übereifer	Vervain
reden	dauernd über eigene Probleme	Heather
	sehr schnell	Impatiens
	aus Angst	Mimulus
	zwanghaftes Fragen	Cherry Plum
	will andere überzeugen	Vervain
ruhelos	weil nichts schnell genug geht	Impatiens
	weil man sich nicht entscheiden kann	Scleranthus
	wegen übermäßiger Aktivität	Vervain
	weil man im Mittelpunkt stehen will	Heather
	wegen übermäßiger Anspannung	Cherry Plum

Schlaf-störungen	wegen geistiger Überforderung	Hornbeam
	wegen Entscheidungsprobleme	Scleranthus
	wegen immer wiederkehrender Gedanken	White Chestnut
	weil eine bestimmte Idee einen gefangen hält	Vervain
schüchtern	man fürchtet, sich zu blamieren	Larch
	aus Angst	Mimulus
stottern	aus Verkrampfung	Cherry Plum
	aus Angst vor Blamage	Larch
	aus allgemeiner Angst	Mimulus
Trost	sucht	Heather
	will nicht	Mustard
unaus-geglichen	weil immer hin- und hergerissen	Scleranthus
unfähig	fühlt sich	Larch
ungeduldig	aus innerer Spannung heraus	Cherry Plum
	weil alles zu langsam geht	Impatiens
	weil andere sich nicht überzeugen lassen	Vervain
	muß immer im Mittelpunkt stehen	Heather
unpraktisch	weil wenig Realitätssinn	Clematis
unordent-lich	weil unfähig, einzuordnen	Chestnut Bud
unsicher	wegen innerer Spannung	Cherry Plum
	aus Angst	Larch, Mimulus

	wegen Entscheidungs-schwierigkeiten	Scleranthus
unzu-frieden	wegen Entscheidungs-schwierigkeiten	Scleranthus
	weil alles zu langsam ist	Impatiens
	wenn man andere nicht überzeugen kann	Vervain
	wenn man nicht im Mittelpunkt steht	Heather
unzu-verlässig	wegen Entscheidungs-schwierigkeiten	Scleranthus
	wegen Schwierigkeit, Reihen-folgen, Abläufe, (Ordnung) zu erkennen	Chestnut Bud
unvor-sichtig	macht immer die gleichen Fehler	Chestnut Bud
	weil man in Wolken schwebt	Clematis
	wegen Schnelligkeit	Impatiens
verdrängen	neigt dazu	Chestnut Bud
vergeßlich	weil man bestimmten Situationen ausweicht	Chestnut Bud
	weil man in einer anderen Welt lebt	Clematis
vitalitäts-arm	nicht in der Gegenwart	Clematis
	nicht in der Gegenwart	Honesuckle
Wut-ausbrüche	aus Überdruck	Cherry Plum
	wenn nicht alles schnell genug geht	Impatiens
zerstreut	weil man nicht aus Fehlern lernt	Chestnut Bud
	wegen Gedankenflut	White Chestnut

zittern	wegen Schnelligkeit	Impatiens
	aus Angst	Larch
	aus Angst	Mimulus

Anmerkung der Autorin

Entspannt und müde lehnte ich mich zurück und legte meine Füße auf die warme Fensterbank. Das fertige Manuskript, das ich eben nochmals gelesen hatte, erfüllte mich mit tiefer Zufriedenheit. Ich sah lange aus dem Fenster und meine Gedanken schweiften zurück in meine Schulzeit. Damals saß ich auch oft gedankenverloren auf meiner Bank und wärmte meine kalten Füße — allerdings ohne das Glücksgefühl der Zufriedenheit. Die Erinnerungen, die sich nun in mein Bewußtsein drängten, waren der Geburtsmoment für dieses Buch: Konzentrationsstörungen!

Dreißig bis vierzig Jahre ist es her, daß ich das Humanistische Gymnasium in Weiden besuchte. Ein langer harter Schulweg lag täglich vor mir: 5 Kilometer mit dem Rad zum Bahnhof, 15 Minuten Zugfahrt, Umsteigen, 15 Minuten Wartezeit auf dem Bahnsteig, 30 Minuten Zugfahrt (stehend in total überfüllten Abteilen) und 2 Kilometer Fußmarsch. Nach Hause kam ich frühestens gegen 14.30 Uhr und zweimal die Woche erst um 18.30 Uhr.

Ich erinnere mich noch wie heute an diese kalten, trüben und regnerischen Spätherbsttage. Völlig durchfroren und teils durchnäßt erreichte ich mein Klassenzimmer. Müde und erschöpft ließ ich mich auf meine Bank nieder, zog verstohlen meine Schuhe aus und wärmte meine Füße an der Heizung. Die wohlige Wärme, die sich allmählich im ganzen Körper ausbreitete und das monotone Gerede des Lehrers (ich empfand es so) schläferten mich ein. Mit aller Gewalt versuchte ich meine Augen offen und den Kopf gerade zu halten. Es war Schwerstarbeit.

Manchmal hörte ich aus weiter Ferne, wie aus einer anderen Welt, meinen Namen. Aber es dauerte meist lange, bis ich registrierte, daß ich gemeint war. Dann begann der innere Kampf mit dem Aufstehen, denn es war früher noch üblich, daß man aufstand, wenn man dem Lehrer antwortete.

Auf der einen Seite war die quälende Müdigkeit, die es zu überwinden galt, andererseits hatte ich schreckliche Angst davor, eine falsche Antwort zu geben, und mich womöglich vor der ganzen Klasse zu blamieren. Da stand ich nun und war total unglücklich. Mein Herz klopfte bis zum Hals, die Röte stieg mir ins Gesicht und der Schweiß brach am ganzen Körper aus. Alle starrten mich an und bemerkten die Röte in meinem Gesicht. Ich war verloren, ich hatte mich bereits blamiert, ohne auch nur ein einziges Wort zu sagen! Und ich fragte mich immer wieder, warum ich mich nicht auf den Unterricht konzentrieren konnte. Wie oft wäre ich am liebsten in den Erdboden versunken! Von Jahr zu Jahr wurde ich kränklicher und fehlte häufig. Trotzdem liebte ich diese Schule sehr, das Lernen an sich machte mir viel Spaß.

Meine Eltern beschlossen übereinstimmend mit den Lehrern, daß es wohl besser für mich sei, in ein Internat zu gehen. Das einzige Mädcheninternat, das es damals in der Nähe gab, war in Verbindung mit einer Handelsschule. Gezwungenermaßen verließ ich also nach drei Jahren das Gymnasium und kam ins Internat. Eine Welt brach für mich zusammen, denn mein Ziel war das Abitur, welches jetzt in weite Frerne rückte.

Die Ängste blieben, aber der Konzentrationsverlust durch die permanente Übermüdung verschwand. Ich hatte nun viel Zeit zum

Schlafen und Ausruhen, und durch mein konzentriertes Lernen schaffte ich es, eine Klasse zu überspringen. Trotzdem war durch den Wechsel in die Handelsschule die Möglichkeit zum Studium verloren. Meine Interessen bewegten sich in Richtung Psychologie und Philosophie.

Die beiden Bachblüten, die ich zu diesem Zeitpunkt dringendst benötigt hätte, sind Olive und Larch. Sie hätten mir einige Enttäuschungen ersparen können.

Nach einigen theoretischen und praktischen Lehrjahren im In- und Ausland habe ich meinen Traumberuf, Heilpraktikerin, erreicht. Gleich zu Beginn meiner homöopathisch ausgerichteten Praxis, vor 17 Jahren, machte mich ein Bekannter auf die Bachblüten aufmerksam. Seit dieser Zeit habe ich sie stets in allen Lebenslagen mit Erfolg eingesetzt.

Literaturverzeichnis

Mechthild Scheffer: *Bachblütentherapie*; Irisana (Hugendubel Verlag)

Edward Bach: *Die nachgelassenen Originalschriften*; Kuratoren des Dr. E. Bach Centre, England, Hugendubel Verlag

Edward Bach: *Blumen, die unsere Seele heilen*; aus dem Englischen von Dr. E. Bach Trust and Debra und Wulfing von Rohr, Hugendubel Verlag

Helmut Wild: *Die Liebe der Blüten zu den Kinderseelen*, Amarell Verlag

Dietmar Krämer: *Neue Therapien mit Bachblüten*, 1, 2, 3, Ansata Verlag

Philipp M. Chancellor: *Das große Handbuch der Bachblüten*; Aquamarin Verlag

Dr. med. Götz Blome: *Das neue Bach-Blüten-Buch*; H. Bauer Verlag

Dr. med. Götz Blome: *Mit Blumen heilen*; H. Bauer Verlag

Ilse Maly: *Blüten als Chance und Hilfe*, (Eigenverlag)

Dagmar - P Heinke, *Sanft heilen mit Bach-Blüten*, Südwestverlag

Irmgard Wenzel: *Blüten-Therapie nach Dr. Bach*, Falken Verlag

Christel Clausnitzer: *Bachblüten im Reich der Märchen, Schneewittchen*, Band I, ZeitGeist Forum, Edition Clematis

Christel Clausnitzer: *Bachblüten im Reich der Märchen, Der Fischer und seine Frau*, Band II, ZeitGeist Forum, Edition Clematis

Christel Clausnitzer: *Himmlische Bachblütengeschichten* ZeitGeist Forum, Edition Clematis

Edition Clematis

Unter dieser Edition bringt der ZeitGeist Forum Verlag eine Buchreihe der Autorin Christel Clausnitzer heraus, welche die Qualitäten der Bachblüte Clematis wiederspiegelt.

Die Bachblüte Clematis steht sinnbildlich für die Fähigkeit aus seinen Träumen oder Sehnsüchten eine erfreuliche Realität zu schaffen, indem man ihnen eine sinnvolle Form gibt. Menschen mit positiven Clematis-Anlagen versuchen beide Welten miteinander zu verbinden. Sie leben in der Welt, aber nicht von der Welt. Sie stehen für eine kreative Umsetzung ihrer reichen Phantasie.

Die Weiße Waldrebe (Clematis vitalba) ist eine kräftige, holzige Kletterpflanze, eine echte Liane, wie man sie sonst nur in tropischen Wäldern findet. Bis zu 12 m windet sie sich vom Waldboden über Gebüsche, Hecken und Bäume empor, dem Licht entgegen.

Die Waldrebe ist eine von etwas 1200 Arten der Hahnenfußgwächse. DieHahnenfußfamilie ist äußerst schöpferisch und phantasievoll. Wie ein Künstler, der seinen Stil sucht, hat sie fast jede Blattform, Blütengestalt und Farbe ausprobiert. Wie im Flug überschwenglicher Imagination scheint diese Vielfalt entstanden zu sein.

In ihrer Sehnsucht nach Licht und Höhe könnte man Clematis den Idealisten unter den Hahnenfüßen nennen. Als linksdrehende Kletterpflanze hat sie einen mondhaften Aspekt.

Die positive Clematis-Energie findet man in Menschen, die ihre reiche Phantasie unter Kontrolle haben und sie gezielt in die Welt

der Materie einbringen und sie durch Schönheit und Sensibilität bereichern, z. B. als Künstler, Heiler, Schriftsteller etc.

Hierfür steht einmal sinnbildlich die Autorin selbst, als Vermittlerin ihrer Heilerfahrungen mit den Bachblüten in über 15jähriger Praxis als Heilpraktikerin. Die von ihr geschriebenen Bücher sind allesamt dem Thema der Transformation und Vermittlung des höheren Wissens gewidmet, sei es in Form von Fachbüchern wie diesem oder in Form von Märchenbüchern oder anderen.

Zu dem Thema Bachblüten sind noch folgende Bücher von ihr erschienen oder in Vorbereitung:

Bachblüten bei suchtgefährdeten Schülern

Bachblüten gegen Angstzustände

Bachblüten und die Arbeitslosigkeit

Bachblüten und Aids

Bachblüten im Reich der Märchen Band 1 - Schneewittchen

Bachblüten im Reich der Märchen Band 2 - Der Fischer und seine Frau

Himmlische Bachblütengeschichten (4 Bände)

Vergleichsstudie zwischen Bach, Hahnemann und Paracelsus